EDITION URSACHENFORSCHUNG · BAND 4

Gentechnik – zwischen Hoffnung und Illusion

Wann beginnt menschliches Leben?

Ganzheitliche Betrachtungen aus Wissenschaft und Philosophie

Edition Ursachenforschung
Gegründet von Hermann Knoblauch
Herausgeber: Bärbel Ackermann
Lektorat: Bärbel Ackermann, Dr. med. Hans-Joachim Ritz

Band 4:
Gentechnik – zwischen Hoffnung und Illusion
Wann beginnt menschliches Leben?
Ganzheitliche Betrachtungen aus Wissenschaft und Philosophie
Dr.-Ing. Dipl.-Biochem. Antonia Donta

ISBN 978-3-924849-74-0

Design, Umschlag, Satz: Matthias Winter
Umschlagbild: © psdesign1 – Fotolia.com
Herstellung: Books on Demand GmbH, Norderstedt
Printed in Germany

Verlag Esoterische Philosophie GmbH, Hannover
www.Esoterische-Philosophie.de

Verlag
Esoterische Philosophie

Edition Ursachenforschung · Band 4

Gentechnik – zwischen Hoffnung und Illusion

Wann beginnt menschliches Leben?
Ganzheitliche Betrachtungen aus Wissenschaft und Philosophie

Antonia Donta

„Die Herausforderungen des 21. Jahrhunderts werden immens sein, und das wissenschaftliche Weltbild wird in seinen Grundlagen revolutioniert werden.“

Hermann Knoblauch

Gründer des
Netzwerks für interdisziplinäre Ursachenforschung

Inhaltsverzeichnis

Gründer des *Netzwerks für interdisziplinäre Ursachenforschung*

Ing. Hermann Knoblauch
1908–2000

Mit der Gründung des *Netzwerks für interdisziplinäre Ursachenforschung* (1996–2010) führte Hermann Knoblauch, Maschinenbauingenieur, erstmals Wissenschaftlerinnen und Wissenschaftler aus über 20 Disziplinen zu gemeinschaftlicher und fächerübergreifender Forschungstätigkeit zusammen. Bereits zu einer Zeit, in der Wissenschaft und Forschung noch auf reines Spezialistentum setzten, erkannte er, dass ausschließliche Spezialisierung zur Lösung komplexer Probleme von Mensch und Natur denkbar ungeeignet ist und daher die Zukunft späterer Generationen nicht nachhaltig sichern kann. So forderte und förderte er jahrzehntelang ein zukunftsorientiertes Umdenken, das unter Einbeziehung einer universal gültigen Ethik verwirklicht werden kann. Vorreiter war er insbesondere für die Verbindung von Natur- und Geisteswissenschaften, die eine ursachenorientierte Erweiterung unserer derzeit bestehenden Weltbilder ermöglicht. Innovative Ideen für interdisziplinäre Konzepte schöpfte er aus einem Fundus an fachlichem Wissen, das unbegrenzt zu sein schien und in das *Netzwerk* einfloss.

Die Schwerpunktthemen „Mensch, Natur und Zukunftswissenschaften" füllte Hermann Knoblauch unter Einbeziehung unterschiedlicher Disziplinen, Kulturen und Denkrichtungen mit faszinierendem Leben. So gelang es ihm, Ausblicke in eine Welt zu geben, in der Humanität und ethische Grundwerte Motor wissenschaftlichen Denkens und Handels sein können.

Sein Ziel war es, die vielfältigen Aspekte der beteiligten Disziplinen zu einem facettenreichen Gesamtbild zusammenzufügen. Kausalität, die Naturwissenschaften inhärent ist, kann so durch grundlegende interdisziplinäre Prinzipien erweitert und belegt werden.

Sein Leitspruch für das *Netzwerk* war:

„Die Herausforderungen des 21. Jahrhunderts werden immens sein,
und das wissenschaftliche Weltbild wird
in seinen Grundlagen revolutioniert werden."

Einleitung

Fast unbemerkt bestimmt die Gentechnik schon längst unser Leben. Sie verändert das Pflanzen- und Tierreich sowie Mikroorganismen, selbst vor dem Menschen macht sie nicht halt. Doch spätestens beim Eingriff in das menschliche Leben treten ethische Bedenken auf: Dürfen wir alles tun, was technisch machbar ist? Wird die Würde des Menschen verletzt? Wann beginnt menschliches Leben? Welchen Stellenwert erhalten Kranke und Behinderte in unserer Gesellschaft? Begrenzen wir das Menschsein zu sehr auf den Gesundheitszustand? Wie steht es mit dem Verhältnis zwischen Risiko und Nutzen? Bei alledem stellt sich die grundlegende Frage: Kann uns die Gentechnik tatsächlich vor Krankheiten schützen oder gar von ihnen befreien? Allzu oft wurden Hoffnungen in neue medizinische Heilmethoden gesetzt, und gleichzeitig sind neue „nicht heilbare Krankheiten“ aufgetaucht. Weiterhin stellen sich so gravierende Fragen wie: Verursacht die Gentechnik eventuell größere Schäden in der Natur als zurzeit noch angenommen wird? Werden bei der Anwendung von Gentechnik die Zusammenhänge in der Natur genügend berücksichtigt? Welche wissenschaftlichen Axiome werden für die Anwendung der Gentechnik zugrunde gelegt? Auf welchem Welt- und Menschenbild basieren sie? Um Antworten auf diese Frage zu erhalten, ist es von entscheidender Bedeutung, die Grundlagen für unser Denken und Handeln zu definieren und die Konsequenzen gewissenhaft zu prüfen.

Fragen und Erläuterungen zur Gentechnik werden bislang von naturwissenschaftlichen Beiträgen dominiert. Von einem interdisziplinären Ansatz her lassen sich jedoch naturwissenschaftliche Erkenntnisse praxisnah verbinden. In dieser Synthese entsteht eine ganzheitliche Sichtweise, die nicht nur die Vielschichtigkeit des Themas deutlich macht, sondern ebenfalls die Verantwortung aufzeigt, die auf keinem anderen Gebiet derart weitreichend ist und entsprechende Konsequenzen hat. Diese Publikation ist daher ein fachlicher Leitfaden. Sie bietet vielschichtige Perspektiven für die eigene Positionierung.

Über die Autorin

Dr.-Ing. Antonia Donta, Jahrgang 1967, Griechin, in Hamburg geboren, Biochemikerin; 1997 Promotion zum Dr.-Ing. am Institut für Siedlungswasserwirtschaft und Abfalltechnik der Universität Hannover. Mehrere Jahre in Forschung und Lehre tätig an den Universitäten Hannover und Münster im Bereich Umweltschutz sowie der Internationalen Frauenuniversität zu den Themen Agenda 21 und Gender. TÜV Lead Auditorin für Qualitäts-, Umwelt- und Arbeitssicherheitsmanagementsysteme. Bei der Fraunhofer Gesellschaft bundesweit verantwortlich für Arbeitssicherheit. Wissenschaftliche Mitarbeiterin im *Netzwerk für interdisziplinäre Ursachenforschung* im Bereich Gentechnik, Umwelt- und Naturschutz, Ursachenforschung und Ethik.

KAPITEL 1

Gentechnik – was ist möglich, was ist ethisch vertretbar?

- Eine Sternstunde der Wissenschaft? – Wie alles begann
- Produktive wissenschaftliche Neugier
- Betätigungsfelder der Gentechnik
- Wann sind die Grenzen erreicht?

Eine Sternstunde der Wissenschaft? – Wie alles begann

Der Siegeszug der Gentechnik begann 1944: Der kanadische Mediziner Oswald Avery wies in einem Versuch mit Bakterien nach, dass die genetische Information durch Nukleinsäuren übertragen wird und nicht, wie von den meisten Forschern favorisiert wurde, durch Eiweiße. Bestechend war die Erkenntnis, dass die Vererbung bei Viren, Bakterien, Pflanzen, Tieren und Menschen auf den gleichen molekularen Grundlagen beruht.

Die Forschung konzentrierte sich jetzt auf die Aufklärung der genauen Struktur und Wirkungsweise der Nukleinsäuren. 1950 wies der österreichische Biochemiker Erwin Chargaff nach, dass in den Desoxyribonukleinsäuren (DNS oder englisch DNA) aller Lebewesen die Nukleinbasen Adenin und Thymin sowie Cytosin und Guanin in jeweils genau gleichen Mengen vorliegen. Da zudem bekannt war, dass diese Basen feste Verbindungen miteinander eingehen, lag es nahe, dass Paare zueinander passender Nukleinbasen im DNA-Modell eine Rolle spielen könnten. Im selben Jahr fertigte und beschrieb die britische Biochemikerin Rosalind Franklin in Cambridge die ersten Fotos von Röntgenstrukturanalysen kristallisierter DNA-Makromoleküle und lieferte damit einen Meilenstein bei der Aufklärung jener Struktur, die als „Doppelhelix“ in die Geschichte einging. Schließlich beschrieben 1953 der amerikanische Biochemiker James Watson und der britische Physiker Francis Crick die Struktur der DNA als Doppelhelix und erhielten dafür gemeinsam mit dem neuseeländischen Physiker Maurice Wilkins, einem Kollegen der inzwischen verstorbenen Rosalind Franklin, 1962 den Nobelpreis für Physiologie.

Oswald Avery
(1877–1955)

Erwin Chargaff
(1905–2002)

Rosalind Franklin
(1920–1958)

James Watson
(*1928)

Francis Crick
(1916–2004)

Maurice Wilkins
(1916–2004)

Produktive wissenschaftliche Neugier

Kaum war die genetische Information greifbar, begannen auch die ersten Versuche, sie zu verändern und zu vermarkten – und hier beginnt die eigentliche Gentechnik.

Zu Beginn spielten natürlich auch wissenschaftliche Neugier und Wissensdurst eine Rolle: Was ist Leben? Wie funktioniert es? Was macht den Menschen aus? Auf der Suche nach Antworten stürzten sich ganze Forschergenerationen auf die Erforschung der Erbinformation, und bald hagelte es neue Forschungsergebnisse und Nobelpreise für Molekularbiologie und Medizin. Unaufhaltsam hielten die Errungenschaften der Gentechnik Einzug in unsere Küchen und veränderten in vieler Hinsicht unser Leben.

DNA „deoxyribonucleic acid" (deutsch DNS, „Desoxyribonukleinsäure")

DNA ist die chemische Bezeichnung für den Träger der genetischen Information, der Erbsubstanz. Sie besteht aus zwei gleich langen Ketten von Bausteinen (Nukleotiden), die wie eine Doppelhelix oder eine verdrillte Strickleiter miteinander verbunden sind. Die Sprossen oder Brücken zwischen den DNA-Strängen sind genau zueinander passende (komplementäre) Basenpaare, die in der Art eines Reißverschlusses eine feste Verbindung miteinander eingehen. Von den vier verschiedenen beteiligten Basen ist immer Adenin mit Thymin und Guanin mit Cytosin gepaart. Die Reihenfolge der Basen bestimmt den genetischen Code. Die menschliche DNA, die in jeder Zelle identisch vorliegt, weist etwa 3 Milliarden Basenpaare auf und ergibt auseinandergewickelt eine Länge von 180 cm.

Wenn sich eine Zelle teilt, wird die genetische Information identisch verdoppelt (Replikation): Zuerst trennen sich die beiden DNA-Stränge wie ein aufgezogener Reißverschluss, dann wird zu jedem der Stränge ein komplementärer (spiegelbildlicher) zweiter Strang angebaut, sodass zwei identische Doppelstränge entstehen, die auf die neuen Zellen aufgeteilt werden. Ablesefehler können dabei zu Mutationen führen.

Ein neues, ehrgeiziges Kapitel wurde 1990 aufgeschlagen: Das Humangenomprojekt hatte das Ziel, innerhalb von 15 Jahren in internationaler Zusammenarbeit die exakte Sequenz (Basenreihenfolge) des menschlichen Genoms zu ermitteln. Zu dieser Zeit träumten die Forscher vom gläsernen Menschen, dessen Mechanismus bis in die kleinsten Einzelheiten bekannt ist. Sie hofften, die Stellschrauben zu finden, mit deren Hilfe sämtliche Krankheiten korrigiert und das Alter beliebig eingestellt werden könnten. Das Ergebnis, das 2001 voreilig verkündet und 2003 offiziell vorgelegt wurde, leitete eine neue Phase der Genetik ein (siehe Kapitel 3).

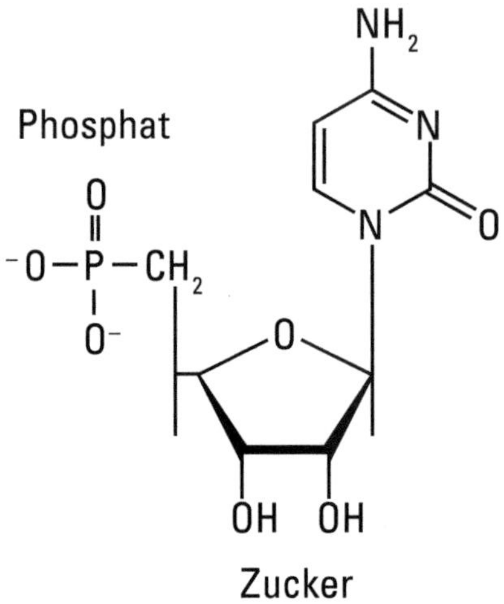

Nukleotide

Nukleinbasen

DNA	**RNA**
G = Guanin	G = Guanin
C = Cytosin	C = Cytosin
A = Adenin	A = Adenin
T = Thymin	U = Uracil

Zucker
Ribose bei der RNA,
Desoxyribose bei der DNA

Jeder Baustein der DNA besteht aus drei Komponenten: einer stickstoffhaltigen Nukleinbase, einem Zucker aus fünf Kohlenstoffatomen und einer Phosphatgruppe. Die Nukleinbase, in der Abbildung beispielhaft Cytosin, bestimmt den Buchstabenwert des Nukleotids, der Zucker macht den Unterschied zwischen RNA und DNA aus, und der Phosphatrest verbindet die Nukleotide miteinander. (Die Ribonukleinsäure (RNA) ist eine Nukleinsäure, die ähnlich wie die DNA aus einer Kette von Nukleotiden aufgebaut ist, aber auf dem Zucker Ribose basiert. Im Gegensatz zur DNA ist sie in der Regel einzelsträngig. Sie spielt eine große Rolle bei der Umsetzung der genetischen Information und bei der Regulierung der Gene.)

DNA

↓ Transkription

RNA

↓ Translation

Eiweiße

Transkription – Translation

Die Erbinformation wird in zwei Hauptschritten von den Genen der DNA über Boten-RNA auf die Eiweiße übertragen, die als Ausführer gelten können.

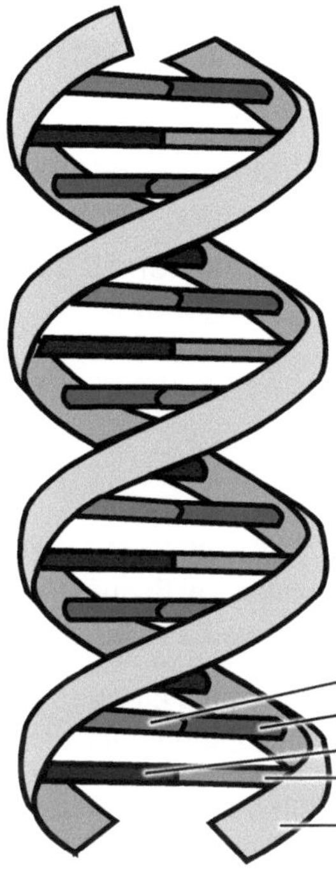

Desoxyribonukleinsäure

Die Desoxyribonukleinsäure besteht aus zwei Ketten oder Strängen von Nukleotiden (siehe gegenüber), die in Bezug auf ihre Nukleinbasen exakt spiegelbildlich zueinander angeordnet sind: An der Stelle, an der der erste Strang ein C hat, hat der Gegenstrang ein G, statt eines C hat er ein G, statt eines A ein T, statt eines T ein A. Die zueinander passenden Nukleinbasen gehen Verbindungen ein, die die beiden DNA-Stränge wie die Trittstufen einer Strickleiter miteinander verbinden. Die Reihenfolge der Nukleinbasen ergibt die genetische Information.

T = Thymin
A = Adenin
G = Guanin
C = Cytosin
Phosphat-Rückgrat aus alternierenden Desoxyribose- und Phosphorsäure-Untereinheiten

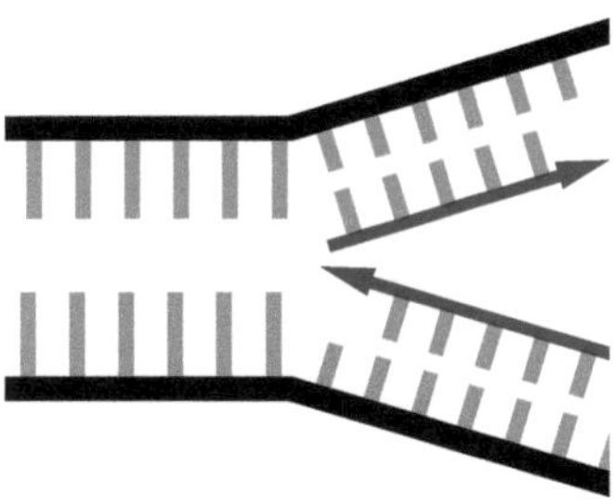

Zellteilung – DNA-Verdopplung

Vor einer Zellteilung wird die DNA verdoppelt. Dazu werden zunächst die beiden Stränge aufgetrennt, dann wird zu jedem Strang ein komplementärer Strang aufgebaut, der statt eines C ein G, statt eines G ein C, statt eines A ein T und statt eines T ein A hat. So entstehen dann zwei identische DNA-Moleküle, für jede neu entstandene Zelle eines.

Betätigungsfelder der Gentechnik

Die folgende Tabelle gibt einen Überblick über die verschiedenen Zweige der Gentechnik und ihre Anwendungsbereiche:

Die **grüne Gentechnik** baut virale, bakterielle, pflanzliche, tierische und sogar menschliche Gene in das Genom von Nutzpflanzen ein, um so transgene Pflanzen mit wünschenswerten Eigenschaften zu designen. Ihre Ziele sind:

Meilensteine der Gentechnik

1966	Der „genetische Code“ wird geknackt: Jede der 20 Aminosäuren wird durch eine charakteristische Reihenfolge von jeweils drei Basenpaaren der DNA kodiert. Die Aminosäuren setzen die Eiweiße zusammen.
1971	Restriktionsenzyme werden als Werkzeug zur Abspaltung eines DNA-Stücks vom Viren-Genom benutzt (Ray Wu und Ellen Taylor).
1973	Das Bakterium *E. coli* wird durch den Einbau viraler und bakterieller DNA in die Erbinformation verändert (erstes genetisch verändertes rekombinantes Bakterium).
1975	Asilomar-Konferenz: Sicherheitsauflagen für die Gentechnik
1976	Gründung der ersten Gen-Firma (Genentech)
1977	gentechnische Herstellung eines menschlichen Proteins in einem Bakterium (Somatostatin in *E. coli*)
1977	DNA-Sequenzierung wird beschrieben (Walter Gilbert, Allan Maxam und Frederick Sanger, Nobelpreis 1980).
1979	Einschleusung von Genen in Pflanzen mittels Bakterien (Marc van Montagu und Jozef Schell)
1981	erstes Patent auf einen gentechnisch veränderten Organismus (ein ölspaltendes Bakterium)
1982	Zulassung von gentechnisch hergestelltem Insulin auf dem US-Markt
1982	erste vollständig ermittelte DNA-Sequenz eines Virus (Bakteriophage Lambda, Frederick Sanger u. a.)

- Verbesserung der Haltbarkeit und Lagerfähigkeit (Flavr-Savr- oder „Antimatsch"-Tomate)
- Erhöhung der ernährungsphysiologischen Qualität (mehr ungesättigte Fettsäuren bei Raps und Sonnenblumen, höherer Stärkegehalt bei Kartoffeln, mehr Vitamine und Ballaststoffe, weniger hygienisch bedenkliche Milchsäurebakterien)
- Verbesserung der Widerstandsfähigkeit gegen Bakterien, Insektizide, Herbizide oder widrige Umweltbedingungen wie Hitze und Trockenheit

1983	Polymerase-Kettenreaktion (Kary Mullis, Chemie-Nobelpreis 1993) ermöglicht Vervielfältigung kleinster Mengen DNA; Isolierung und Sequenzierung des AIDS-Virus
1984	Steen Williadson klont in Cambridge Schafe und kreuzt die Chimäre Schiege (aus Schaf und Ziege).
1985	gentechnisch manipulierte Pflanzen in den USA patentierbar; erste Freisetzung gentechnisch veränderter Bakterien; genetischer Fingerabdruck (Alec Jeffreys)
1988	erstes Patent für ein gentechnisch verändertes Säugetier (Krebsmaus)
1990	Beginn des Humangenomprojekts
1990	erste Gentherapie
1991	Embryonenschutzgesetz (BRD)
1994	Flavr-Savr-Tomaten auf dem britischen und US-Markt
1996	Anbau transgener Sojabohnen in den USA; Ian Wilmut klont in Edinburgh das Schaf Dolly aus der Euterzelle eines erwachsenen Schafes und einer entkernten Eizelle.
1998	erstes komplett entschlüsseltes Genom eines Vielzellers (Fadenwurm *C. elegans*)
2001	weltweit 2600 Biotechnologie-Unternehmen
2003	Humangenomprojekt abgeschlossen

- Produktion artfremder Substanzen wie Biokraftstoffe oder Impfstoffe

Gentechnisch veränderte Lebewesen finden sich in Milchprodukten, Sauergemüse, Rohwurst, Bier, Wein, Brot, Fertiggerichten, Süßstoffen und Fruchtsäften.

Die **rote Gentechnik** ist die Anwendung der Gentechnik in der Medizin. Sie umfasst unter anderem:

- die Entwicklung von Gentests (zum Beispiel Präimplantationdiagnostik (PID), Krebstests)
- die Herstellung von Medikamenten (Insulin, Erythropoietin, Wachstumshormon, Impfstoffe)
- die gezielte Behandlung genetischer Defekte beim Menschen zum Zweck der Heilung (Gentherapie) sowie das (noch im Versuchsstadium befindliche) therapeutische Klonen zur Herstellung transplantierbarer Stammzellkulturen, die Organdefekte heilen sollen. Die Gentherapie wurde 1999 offiziell eingestellt, nachdem der sechste Todesfall in Folge aufgetreten war.

Die **weiße Gentechnik** ist die industrielle Produktion bestimmter Substanzen mithilfe von Bakterien. Nachwachsende Kraftstoffe, Medikamente, Waschmittelenzyme oder auch Vitamine lassen sich so kostengünstig und in großen Mengen herstellen.

Die **graue Gentechnik** dient dem Umweltschutz:

- Mikroorganismen werden durch gentechnische Veränderungen zu mikrobiellen Hochleistungskatalysatoren herangezüchtet, die

Anwendungsgebiete der Gentechnik (GT)

Bezeichnung	**Grüne GT**	**Rote GT**	**Weiße GT**	**Graue GT**
Zielorganismen	Pflanzen	Tiere, Zellen	Bakterien	Bakterien
Anwendungsbereich	Landwirtschaft	Medizin	Industrie	Abfallwirtschaft
Beispiel	Genmais	Gentests	Medikamente	Klärwerke

Umweltgifte und Schadstoffe wie Öl, Kunststoffe, Kohlenmonoxid oder sogar radioaktive Substanzen abbauen. Technische Katalysatoren können dies, wenn überhaupt, nur wesentlich langsamer.
- Gentechnisch manipulierte Pilze produzieren Bleichenzyme für die Herstellung weißen Papiers.
- Weitere Anwendungen sind der schnellere und sensiblere Nachweis von Salmonellen in Bioabfall-Vergärungsanlagen, eine verbesserte Umweltanalytik und die Überwindung der natürlichen Kreuzungsbarriere in der Pflanzenzüchtung.

Wann sind die Grenzen erreicht?

Heute ist die Gentechnik heftig umstritten. Was 1994 harmlos mit der patentierten Tomate „Flavr-Savr“ begann und 1996 mit dem Anbau einer gentechnisch veränderten Sojabohne weitergeführt wurde, erreichte spätestens im Jahr 2000 einen kritischen Höhepunkt, als in den USA ein künstlich befruchtetes Kind zur Welt kam, das von Ärzten anhand einer vorgeburtlichen Untersuchung des Genoms (Präimplantationsdiagnose) gezielt ausgesucht bzw. „produziert“ worden war, um als Knochenmarkspender für seine todkranke Schwester zu dienen.

Hier müssen wir einhalten und fragen: Wie weit darf die Gentechnik noch gehen? Dürfen Kinder „produziert“ werden, um als Organspender, gewissermaßen als Ersatzteillager benutzt zu werden? Darf Gentechnik ein Mittel zur Selektion von Kindern werden, selbst dann, wenn dies auf den ersten Blick scheinbar einem guten Zweck dient? Was ist ein Kind, ein Mensch wert? Und hat ein ungeborenes menschliches Wesen weniger Rechte, müssen seine Interessen gegenüber den Ansprüchen eines erwachsenen Patienten zurücktreten?

Das Thema Gentechnik spaltet die Gesellschaft. Ein Großteil der Menschen plädiert für Gentechnik, wenn es darum geht, Medikamente herzustellen, Gentests und Gentherapien durchzuführen, die mit der eigenen oder der Gesundheit der Angehörigen zu tun haben. Intuitiv erahnen viele Menschen jedoch, dass manche Vorhaben der Gentechnik im krassen Gegensatz zur menschlichen Würde und zu einer ethischen Betrachtungsweise stehen.

Je lauter die Bedenken und Proteste werden, umso spektakulärer werden die Anwendungen der Gentechnik im medizinischen Bereich mit ihrem nahezu unbegrenzten Potenzial ins Rampenlicht der Öffentlichkeit gestellt: Heilung unheilbarer Krankheiten, längeres Leben, maßgeschneiderte Nachkommen ... Wer will das nicht? Schließlich sind wir ein Fortschrittsland!

Kranke und betroffene Menschen befinden sich in Gewissenskonflikten und schwanken zwischen der Frage nach dem ethisch Vertretbaren und der Hoffnung, wieder gesund zu werden oder gesunde Kinder zu bekommen. Zeitungen, Fernsehsendungen, Talkshows und Seminare konfrontieren uns täglich mit einer Fülle von Fragen, Bedenken, Differenzen, Befürchtungen, Debatten und unterschiedlichen Meinungen, die mehr oder weniger öffentlich diskutiert werden. Aber weder die Forscher noch die Politiker und auch nicht die Mitglieder verschiedener Ethikkommissionen kommen zu einer Einigung in Fragen wie diesen:

- Kann der Mensch auf seine Gene reduziert werden?
- PID – eine ethisch unvertretbare Selektion?
- Diskriminiert Gentechnik kranke und behinderte Menschen?
- Was ist möglich – was ist erlaubt?
- Embryonenforschung aus kommerziellen Gründen?
- Dürfen menschliche Embryos zu therapeutischen Zwecken geklont werden?
- Darf das Embryonenschutzgesetz gelockert werden?
- Welchen moralischen Status hat ein Embryo?
- Wie viele Gene braucht das Leben?
- Was ist Science, was bleibt Fiction?

Die Bandbreite der offenen Fragen macht deutlich, wie schwer es ist, zwischen Richtig und Falsch zu unterscheiden. Kann dabei überhaupt ein Konsens gefunden werden? Voraussetzung für jede Annäherung ist die Klärung zentraler Fragen:

- Wie weit beeinflussen die Gene den Menschen?
- Wann ist ein Mensch ein Mensch?
- Was ist Ethik?

Diesen Fragen wollen wir uns in den folgenden Kapiteln nähern.

KAPITEL 2

Wie weit werden wir von Genen gesteuert? – Grenzen eines mechanistisch-materialistischen Menschenbildes

- **Allgemeine Verunsicherung – die Folgen des Humangenomprojektes**
- **Wie sehen die Betreiber der Gentechnik den Menschen?**
- **Entsteht „Leben" aus „toter" Materie? – Das mechanistisch-materialistische Welt- und Menschenbild**
- **Ist Wissenschaft mit Zufall vereinbar?**
- **Können wir menschliche DNA programmieren oder umprogrammieren?**

Allgemeine Verunsicherung – die Folgen des Humangenomprojektes

Als das Humangenomprojekt im Herbst 1990 gestartet wurde, waren die Erwartungen der Forscher groß. Die meisten von ihnen gingen davon aus, dass Gene alles im Menschen bestimmen: Krankheiten, Gefühle, Emotionen, den Denkprozess, Augen- und Haarfarbe, Körpergröße, ja, sie forschten auch nach Genen, die sie für Angstzustände, für Glück und Unglück im Leben, für die sexuelle Orientierung, für Intelligenz und die verschiedensten Charaktereigenschaften verantwortlich machen konnten. Der Mensch – und natürlich auch jedes andere Lebewesen, Mikroorganismen, Pflanzen, Tiere – war für sie vor allem das Produkt chemischer, von Genen regulierter Reaktionen. Entsprechend hoch waren die Erwartungen, die sie an die Ergebnisse des Humangenomprojektes knüpften: Aufklärung sämtlicher Geheimnisse des menschlichen Körpers, beliebige Neuprogrammierung, Beeinflussung des Alters, traumhafte neue Behandlungs- und Heilungsmethoden ... Dafür stemmten sie in internationaler Zusammenarbeit eine immense Aufgabe: die Sequenzierung der gesamten menschlichen Erbinformation, also die Bestimmung der Reihenfolge aller drei Milliarden genetischen Buchstaben des menschlichen Genoms, und die Identifizierung aller menschlichen Gene. Das Ergebnis, das 2003 offiziell bekannt gegeben wurde, war für viele bestürzend.

Sie mussten erkennen, dass sie gerade einmal die Rohmasse der Erbinformation ermittelt hatten. Sie saßen auf einer endlosen Buchstabenfolge, deren Interpretation noch Jahrzehnte dauern könnte. Am meisten kränkte es aber, dass sie nur knapp über 20000 klassische Gene identifiziert hatten – weniger als im Genom des Wasserflohs.

Wer ein Gen als die Bauanweisung für ein Eiweiß definiert und selbstverständlich annimmt, dass mit der Komplexität eines Organismus die Zahl der Gene steigt – es stehen ja mehr Eiweiße für ausgeklügelte Zwecke zur Verfügung –, konnte dieses Ergebnis erst einmal nicht einordnen. Als realistisch hatte man mindestens 100000 Gene im menschlichen Genom erwartet, die als Grundlage unserer überlegenen körperlichen wie geistigen Eigenschaften angesehen wurden. Die tatsächliche Zahl brachte das gesamte Konstrukt zum Einsturz. Die Definition der Gene und vor allem ihre Bedeutung für den Menschen mussten neu gefunden werden.

Bereits im Jahr 2000 mahnte Sabine Riewenherm: „Wissenschaftler wissen nicht genau, was unter einem Gen zu verstehen ist. So wird bei einigen Genen ein Teil zunächst abgelesen, später aber wird die genetische Information entfernt. Auch gibt es überlappende Gene, und es wurden auch schon Gene innerhalb anderer Gene gefunden."[1]

Gen

Ein Gen ist ein längerer oder kürzerer Abschnitt der DNA (1000 bis über 500000 Basenpaare lang). Ein klassisches Gen enthält die Information für ein Protein (Eiweiß). Zur Bildung dieses Proteins wird zuerst eine Mikro-RNA erstellt, die, an einem der DNA-Stränge angelagert, der Basensequenz der DNA im Bereich des Gens exakt komplementär folgt (Transkription). Diese m-RNA verlässt den Zellkern und dient in den Eiweißfabriken des Zellplasmas (Ribosomen) als Muster für die Proteinsynthese (Translation: je drei Basenpaare codieren eine Aminosäure).

Genom

Genom ist die Bezeichnung für die gesamte genetische Information eines Menschen oder auch irgendeines anderen Lebewesens. Das menschliche Genom besteht aus einem oder mehreren sehr langen DNA-Molekülen, auf denen Tausende von Genen aufgereiht sind. Jede Zelle enthält das gesamte Genom. Bei der Zellteilung wird das Genom originalgetreu und ohne auszudünnen von einer Zellgeneration zur nächsten weitergegeben.

Entschlüsselte Genome

Jahr	Art	Chromosomen	Basenpaare	Gene
1996	Bäckerhefe	16	13 Mio.	6500
1997	*Escherichia coli*	1	4,6 Mio.	4400
1998	Fadenwurm	5–6	97 Mio.	20000
2000	Fruchtfliege	4	317 Mio.	13500
2000	Acker-Schmalwand	5	125 Mio.	26000
2001	Mensch	23	3286 Mio.	25000
2002	Maus	20	2700 Mio.	30000
2002	Reis	12	466 Mio.	50000

Die angegebenen Zahlen für Chromosomen, Basenpaare und Gene beziehen sich auf die Erstveröffentlichung, inzwischen wurden sie teilweise revidiert.

„Letztlich ist das ‚Gen' eine bequeme Abstraktion, eine Vereinfachung für etwas, das in seinen unendlich komplexen Zusammenhängen kaum verstanden ist", folgert Florianne Koechlin.[2]

Die weitere Forschung brachte immer neue Überraschungen. Nur 1,5 % der sequenzierten DNA konnten klassischen Genen zugerechnet werden. Der Rest besteht aus „unbrauchbaren" Genresten und Genkopien, aus endlosen Buchstabenfolgen, die sich vielfach wiederholen und oft auch bekannte Sequenzen aus der DNA primitiverer Wesen wiedergeben. Schon bald wurde dieser „Datenschrott" auf der Suche nach wertvollen Informationen durchforstet und die Bedeutung der klassischen Gene relativiert. Auch das Dogma, dass die genetische Information von der DNA zur RNA und dann zu Proteinen fließt und der Informationsfluss nicht umkehrbar ist, musste zugunsten eines weit komplexeren Systems sich gegenseitig beeinflussender Makromoleküle (DNA, RNA und Proteine) fallen gelassen werden.

Genomgrößen

Organismus	Basenpaare	Gene	Gendichte[1]
Blattfloh	160000	182	1138
Escherichia coli	4600000	4500	900
Bäckerhefe	20000000	6000	300
Fadenwurm	80000000	19000	200
Acker-Schmalwand	100000000	25500	255
Taufliege *Drosophila*	200000000	13500	70
Wasserfloh	200000000	31000	155
Kohl	599000000–868000000	100000	599–868
Mensch *Homo sapiens*	3270000000	23000	10

[1] Anzahl der Gene pro Millionen Basenpaare

24 % der DNA sind sogenannte Introns, die in der Nachbarschaft von proteincodierenden Genen (Exons) liegen und bei der Transkription mit auf die m-RNA kopiert werden. Sie haben aber nur regulierende Aufgaben und werden vor der Translation (Weitergabe der Information für den Aufbau der Eiweißkette) wieder von der RNA abgeschnitten (spleißen). Weitere Forschung hat nun ergeben, dass das Spleißen von Introns und Exons nicht immer an derselben Stelle geschieht, sondern dass je nach Bedarf auch Teile des Introns mit zur Proteinsynthese verwertet werden können (alternatives Spleißen). Durch diesen Trick kann ein Gen je nach Spleißort verschiedene Eiweiße codieren.

Zu den neuen Konzepten gehören auch „springende Gene" (transponierbare Elemente oder Transposonen), DNA-Abschnitte, die sich im Genom bewegen, also sich irgendwo einfügen und Gene verändern oder ihre Aktivität regulieren können.

Zusammensetzung des menschlichen Genoms	
Heterochromatin (inaktive Erbinformation)	8 %
vielfach kopierte, ständig wiederholte Sequenzen	53 %
nicht zuzuordnen	13,5 %
Introns (regulierende Genregionen)	24 %
Exons (proteincodierende Genregionen)	1,5 %

Nicht alle DNA-Abschnitte, die auf eine RNA kopiert werden, dienen der Eiweißsynthese. Die DNA codiert auch sogenannte Mikro-RNA (m-RNA). Diese kurzkettigen Moleküle spielen eine wichtige Rolle bei der Steuerung der Genablesung und der Herstellung von Proteinen. Doppelsträngige Mikro-RNA kann sogar Teile der DNA stilllegen bzw. Gene abschalten (RNA-Interferenz), indem sie die m-RNA abfängt.

Ein völlig neues Forschungsgebiet betritt die Epigenetik, die sich mit der Verfügbarkeit der Erbinformation in den einzelnen Zellen befasst. Da jede Zelle von der befruchteten Eizelle abstammt und die Erbinformation bei jeder Zellteilung exakt verdoppelt und weitergegeben wird, ist jede Zelle mit der gesamten DNA ausgestattet. Doch schon nach wenigen Teilungsschritten beginnen die Zellen damit, sich zu spezialisieren. Dazu schalten sie nicht benötigte Gene einfach ab, indem sie sie so dicht verpacken, dass sie nicht mehr abgelesen werden können. In differenzierten Zellen kommt daher nur ein Bruchteil der DNA zum Zug, der je nach Spezialisierung von Zelle zu Zelle wechselt. Das zellspezifische Muster der Genabschaltung hat weitreichende Konsequenzen für die Genfunktion und wird bereits als „Zweiter Code" bezeichnet.

Doch die epigenetische Prägung ist mit der Zelldifferenzierung noch nicht beendet. Vor allem in der Embryonalzeit und in der Säuglings- und Kleinkindzeit reagieren die Genschalter der Kinder empfindlich auf äußere Einflüsse. So können Stress der Mutter, Rauchen, Alkohol

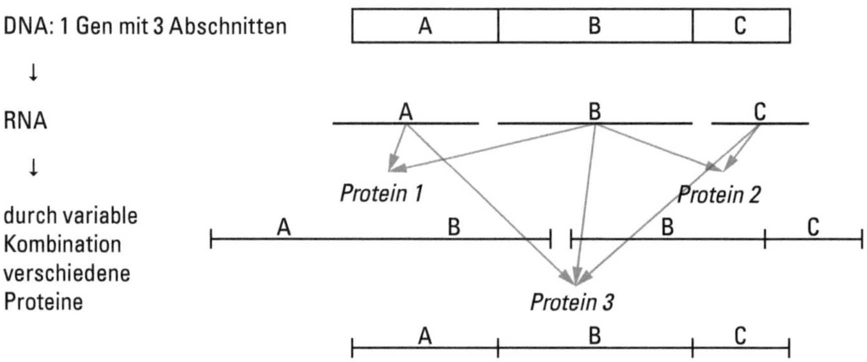

Das alternative Spleißen erhöht die Flexibilität der DNA.

und minderwertige Ernährung ebenso wie mangelnde Fürsorge und Geborgenheit in den ersten Lebensjahren epigenetische Programme in Gang setzen, die den Kindern im späteren Leben beispielsweise eine schlechte Anpassung an Belastungssituationen, eine erhöhte Schmerzempfindlichkeit, eine Neigung zu Übergewicht oder Depressionen, ein erhöhtes Risiko für Krebserkrankungen oder auch ein kürzeres Leben bescheren. Die frühe epigenetische Prägung wirkt wie ein Zellgedächtnis und kann später nur schwer wieder aufgehoben werden. Die Hinweise mehren sich, dass epigenetische Muster teilweise sogar vererbt werden können.

Die beispielhaft aufgeführten Forschungs-Zwischenergebnisse erheben keinen Anspruch auf Vollständigkeit, sie sollen vielmehr belegen, dass die DNA-Forschung auf vollen Touren läuft und für immer neue Überraschungen gut ist. Während aber die Genetik noch in der Selbstfindung ist, werden ihre Ergebnisse schon munter angewandt. Die Gentechnik setzt sich hehre Ziele. Sie will die Erbinformation im Menschen gezielt zu seinen Gunsten ändern. Sie will Bakterien, Pflanzen und Tiere genetisch so programmieren, dass sie nützlich für uns sind, also zum Beispiel viel (Frucht-) Fleisch produzieren oder nützliche Substanzen bilden. Sie will in den Beginn des Lebens eingreifen und Kinder mit gesunden Genen oder anderen erwünschten Eigenschaften auswählen. Sie will Zellkulturen schaffen, die bisher unheilbare Krankheiten heilen. Sie will Gentests entwickeln, die Keime von Krankheiten aufdecken, lange bevor sie (eventuell) ausbrechen.

Bei alledem kommen nachdenkliche Wissenschaftler und Laien nicht umhin, den Mut oder die Risikofreudigkeit von Forschern der noch jungen Wissenschaft zu hinterfragen. Denn offensichtlich tappen sie in vieler Hinsicht noch im Dunkeln. Wie die Umsetzung der genetischen Information geregelt wird, ist nur in groben Zügen bekannt. Viele Fragen bleiben offen:

- Nach welchen Gesetzmäßigkeiten wird das elterliche Erbgut an die Nachkommen weitergegeben?
- Wie kommt es zu Fehlern im Erbgut?
- Welche Rolle spielt der Zufall?
- Was bewirkt die Spezialisierung der Zellen, und welche Umstände entscheiden, welcher Teil der DNA in jeder Zelle abgelesen wird?
- Was bewirkt eine künstliche Änderung der Genstruktur? Bestimmen die Gene den Menschen?
- Was genau ist der Mensch?

Wie sehen die Betreiber der Gentechnik den Menschen?

Vor allem diese Frage hat einen hohen Stellenwert: Ist der Mensch eine bessere Maschine, die nur nach mechanischen, physikalischen und chemischen Gesetzen funktioniert, oder hat er auch eine spirituelle Dimension?:

- Geist, Seele, Bewusstsein?
- Intelligenz, Wille?
- inneres Leben und Erleben?
- Gedanken, Gefühle?
- Pläne und Hoffnungen?
- innere Würde?

Diese Fragestellung enthält eine Dimension, die sich weder mechanisch noch biochemisch regeln lässt. Wie also können wir den Menschen sinnvoll behandeln, wenn wir lediglich einen Teil von ihm (aner) kennen, anstatt ihn als eine Ganzheit zu betrachten?

In Verfolgung dieser Fragen wollen wir zunächst betrachten, welches Menschenbild in der modernen Gentechnik bevorzugt wird.

Die Grundlage der Gentechnik ist die Molekularbiologie, eine Teildisziplin der Biologie, die erst in der Mitte des 20. Jahrhunderts entstand. Erst zu der Zeit gab es die technischen Möglichkeiten, die Lebensäußerungen im molekularen Bereich der Zelle zu untersuchen. Die Molekularbiologie befasst sich vor allem mit den informationstragenden Makromolekülen: den Desoxyribonukleinsäuren (DNA), Ribonukleinsäuren (RNA) und Eiweißen (Proteinen). Auf der Basis der Struktur und Funktion dieser Moleküle und ihrer Wechselbeziehungen versucht sie, Lebensvorgänge zu erklären. Für diesen Zweck wurde die genetische Information erforscht und entschlüsselt. Aus der Struktur und Funktion einzelner Gene oder Abschnitte der DNA hofften die Forscher, Rückschlüsse auf Lebensprozesse ziehen zu können.

Dem Humangenomprojekt lag die Annahme zugrunde, dass alles Leben auf chemischen und biochemischen Reaktionen basiert und die Information dafür in der DNA verschlüsselt ist. Damit reduzierten die Forscher den Menschen und natürlich auch jedes andere Lebewesen – zumindest für diese Fragestellung – praktisch auf seine Gene und stellten alle Lebewesen – Mikroorganismen, Pflanzen, Tiere und Menschen – als ein Produkt chemischer, von Genen regulierter Reaktionen dar. In diesem Konzept ist Evolution lediglich die Weitergabe der väterlichen und mütterlichen Gene an die Nachkommen, wobei Veränderungen „zufällig" durch die variable Kombination der väterlichen und mütterlichen Gene und durch Mutationen bedingt sind. Die Frage, ob die DNA die gesamte Erbinformation für körperliche und mentale Eigenschaften enthält und enthalten kann, wurde nicht einmal erwogen. Dies weist die Auffassung der Genetiker vom Menschen als ein typisches mechanistisch-materialistisches Menschenbild aus. Sie sehen im Menschen nicht mehr als das Produkt einer Transformation von Formen.

Entsteht „Leben“ aus „toter“ Materie? – Das mechanistisch-materialistische Welt- und Menschenbild

Das Hauptmerkmal im mechanistisch-materialistischen Welt- und Menschenbild ist, dass die Materie als grundlegend angesehen wird. Alles entspringt in diesem Welt- und Menschenbild aus der Materie. Das bedeutet, dass chemische und biochemische Reaktionen die Basis für alle menschlichen Eigenschaften, Kräfte und Attribute sind. Äußere, körperliche Eigenschaften sind hiernach das, was den Menschen ausmacht, sie sind seine Wesensmerkmale. Materie ist in diesem Welt- und Menschenbild die „treibende Kraft“, die Basis. Dies bedeutet, dass der Mensch mit seinem Körper gleichgesetzt wird. Er funktioniert sozusagen wie eine Maschine.

Ungeachtet der allgegenwärtigen Lebensäußerungen denken die Forscher in Kategorien von „toter Materie“. So sehen sie menschliche Organe nicht als gewachsene lebendige Strukturen an, sondern als Teile einer Maschine und halten sie für beliebig austauschbar oder produzierbar. Dabei lassen sie sich wenig davon beeindrucken, ob das „Roh“- oder „Ursprungsmaterial“ für ein Organ von Tieren oder Menschen, aus embryonalen oder erwachsenen Stammzellen gewonnen wird.

Die Vorstellung, dass Materie die Basis allen Lebens ist, findet sich auch in der Theorie über die Entstehung des Lebens auf der Erde aus einer Uratmosphäre oder „Ursuppe“ wieder: Chemische Elemente und zufällige physikochemische Reaktionen sollen eine lebensfähige sogenannte biologische Einheit hervorgerufen haben. Das bedeutet in letzter Konsequenz, dass aus „toter“, „lebloser“ Materie Leben entstanden sei. Anders ausgedrückt: Leben ist gemäß dieser Theorie aus toten Bestandteilen, aus Materie zusammengesetzt. Ein ähnlicher Gedanke, der ebenso das Kind eines mechanistisch-materialistischen Weltbildes ist, ist auch in der Theorie über die Entstehung des Universums durch einen Urknall wiederzufinden[3]: Sie besagt, dass aus „lebloser“ Materie, aus einem Punkt heraus durch plötzliche Explosion unser Universum entstanden ist.

Ist Wissenschaft mit Zufall vereinbar?

Welche Folgen ein solches materialistisches Welt- und Menschenbild für unser Selbstverständnis hat, soll an einem Beispiel kurz angedeutet werden: Wird der Mensch auf das Ergebnis der Gene reduziert, die er von seinen Eltern geerbt hat, dann sind diese Gene zwangsläufig verantwortlich für sein Schicksal. Für Glück und Unglück, für den Charakter, für Leid und Krankheit. Die Verantwortung für unser Leben läge folgerichtig bei unseren Eltern, genauer: bei den Genen unserer Eltern, die auf uns aufgeteilt werden. Dabei tragen auch „zufällige" Kombinationen der mütterlichen und väterlichen Gene (Crossing-Over) und Mutationen, also Ablesefehler bei der Verdopplung der DNA, so die zurzeit gültige Theorie, zur individuellen Vererbung bei. Dass Vererbung mit Zufälligkeiten verbunden ist, ist angesichts der Ordnung im Universum und in der Zelle allerdings äußerst fraglich.

Wie lässt es sich miteinander vereinbaren, dass wir im Weltraum ebenso wie in den atomaren Welten exakte und präzise Vorgänge beobachten, gleichzeitig aber auch zufällige Prozesse postulieren? Das Universum ist mathematisch exakt aufgebaut, Anziehungs- und Abstoßungskräfte von kosmischen Körpern, die Bewegungen von Sternen und die Umlaufbahnen von Planeten lassen sich berechnen und genau vorhersagen. Dieser mathematische Aufbau ist zumindest im gesamten Sonnensystem nachweisbar. Auch auf der zellulären Ebene, im Mikrobereich der DNA, können wir die chemischen Reaktionen genau berechnen und vorhersagen. Ein „Zufall" wird offensichtlich immer erst dann als Erklärung herangezogen, wenn sich eine Beobachtung nach aktuellem Kenntnisstand nicht nachvollziehen und in einen bekannten Zusammenhang bringen lässt.

Wissenschaftler sprechen von „fehlerhaften" oder „kranken" Genen, wenn durch die Aufteilung der frei und zufällig kombinierten väterlichen und mütterlichen Gene ein Chromosomensatz entsteht, der zu einer Fehlfunktion, Krankheit oder Behinderung führt. Die Krankheit wird somit auf zufällige Kombinationen oder zufällige Änderungen der DNA zurückgeführt. Ob ein „Zufall" hier wirklich wahrscheinlich ist, mag der Leser anhand der nachfolgend aufgeführten allgemein bekannten wissenschaftlichen Erkenntnisse selbst beurteilen[4]:

1. Die DNA enthält vier Hauptbausteine (Nukleotide), die sich vorwiegend in den Basen Adenin (A), Guanin (G), Cytosin (C) und Thymin (T) unterscheiden. Diese Basen gehen nach dem Schlüssel-Loch-Prinzip haargenaue komplementäre Paarungen ein, die die beiden DNA-Stränge zusammenhalten. A ist immer mit T, G immer mit C gepaart, sodass die Basensequenz der DNA-Stränge spiegelbildlich oder komplementär ist.
2. Die vier verschiedenen Arten von Nukleotiden (A, C, G, T) sind gepaart nebeneinander aufgereiht wie eine Strickleiter und haben eine *spezifische Reihenfolge,* die die genetische Information festlegt.
3. Viele Gene enthalten den Code zur Produktion eines Proteins (Hormone, Gewebebausteine, Blutproteine, Enzyme, Augenfarbstoff, Bausteine des Immunsystems und andere). Damit die gerade benötigten Proteine fehlerfrei produziert werden können, muss die DNA korrekt kopiert und übersetzt werden. Für den gesamten Vorgang sind zahlreiche präzise Reaktionen und Schritte notwendig. Um die Fehlerwahrscheinlichkeit zu verringern, wird jeder Schritt von speziellen Molekülen („Faktoren“, Enzymen oder RNA) *überwacht* und kontrolliert. Kommt es zu einem Fehler, wird dieser in der Regel sofort erkannt und korrigiert. Es gibt also *präzise Kontroll- und Reparaturmechanismen.*
4. Das Genom, also die Gesamtheit der Gene, wird bei der Teilung der Zellen *originalgetreu* und ohne auszudünnen von einer Zellgeneration zur nächsten weitergegeben.
5. Die Vererbung beruht auf der *präzisen* Replikation (Kopie) der DNA.
6. Bei der embryonalen und späteren Entwicklung des menschlichen Körpers werden die Gene mit *höchster Genauigkeit* an alle somatischen Zellen des Körpers weitergegeben.
7. Ordnung setzt Information voraus, es sind Anweisungen oder regulierende Moleküle nötig, um Bauteile oder Vorgänge in einer *nicht zufälligen* Art und Weise zu kombinieren.

Die DNA und ihre Prozesse sind ein ausgeklügeltes System! Ist dort noch Raum für zufällige Reaktionen, Prozesse oder Veränderungen?

Die komprimierte Schilderung dieser biochemischen Prozesse in der Zelle, die zum Forschungsbereich der Gentechnik gehören, lässt klar erkennen, dass die Forschungsergebnisse eher darauf hinweisen, dass es hinter den Prozessen Präzision gibt, gerade angesichts der Mechanismen, die eventuelle Fehler bei der Ausführung erkennen und korrigieren. Ebenso wird ein hierarchisches System deutlich, das heißt, jeder Vorgang ist Teil eines größeren Geschehens. Jede chemische Reaktion hat eine Vorgänger- und eine Nachfolgereaktion und hat so ihren spezifischen Platz in einem größeren Geflecht oder Zusammenhang von biochemischen Prozessen. Es stellt sich die ernsthafte Frage, wie angesichts dieses Systems von präzise ablaufenden und aufeinander aufbauenden biochemischen Reaktionen zufällige Prozesse möglich sind, wie sie angeblich bei der Vererbung zum Tragen kommen. Es ist kaum nachvollziehbar, dass in einem Gesamtzusammenhang von aufeinander aufbauenden Prozessen von solcher Wichtigkeit Präzision und Zufall nebeneinander existieren können.

Erkennungs- und Reparaturmechanismen der DNA

Die Genauigkeit der DNA-Prozesse ist nicht nur in dem spezifischen Aufbau ihrer Bausteinpaarung (Basenpaarung) begründet, sie wird auch durch Erkennungs- und Reparaturmechanismen abgesichert. Jeder neu synthetisierte Baustein wird „korrekturgelesen", etwaige „Fehler" werden repariert. Erst dann fährt die DNA mit der Replikation fort. Neben diesem Korrekturlesen bei den laufenden Reaktionen der DNA gibt es in jeder Zelle Reparaturmechanismen, die die bestehende DNA ständig auf die Intaktheit der Bausteinpaarung prüfen, um Mutationen durch Strahlen oder Zellgifte zu erkennen. Und es gibt Reparaturenzyme, die solche Veränderungen korrigieren können.

Besonders die folgenden Fragen harren einer Antwort:

1. Wie erhalten die einzelnen Moleküle ihre Fähigkeit, sich zu organisieren und im richtigen Moment am richtigen Ort zu sein, um den Fortlauf der Reaktionen und Umsetzungen zu gewährleisten?
2. Was ist die Ursache für „Fehler"?
3. Handelt es sich überhaupt um Fehler, oder werden sie nur als Fehler interpretiert, weil Hintergrundwissen fehlt?

Selbst wenn postuliert wird, dass die DNA *als einziges Makromolekül* die Anweisungen für ihre Replikation und andere biochemische Prozesse selbst enthält, bleiben weitere Fragen offen:

1. Woher erhält die DNA ihre Anweisungen?
2. Warum enthält *nur* das DNA-Makromolekül Anweisungen für seine eigene Replikation? Wieso diese Ausnahme?
3. Wie kann aus zufällig zusammengesetzter Materie „Intelligentes" entstehen?
4. Woher „weiß" die DNA, welches Gen ausgeprägt werden soll und wann?
5. Wenn Genfehler nicht auf Zufall beruhen, welche Ursache haben sie dann?

Wir dürfen gespannt sein, was die Forschungsarbeit der Wissenschaftler zur Beantwortung dieser und vieler weiterer Fragen beiträgt. Deutlich wird jedoch zumindest, dass ein mechanistisch-materialistisches Welt- und Menschenbild viele Widersprüche aufweist und noch mehr Fragen offenlässt.

Können wir menschliche DNA programmieren oder umprogrammieren?

Auch wenn wir das Thema aus einer rein mechanistisch-materialistischen Perspektive betrachten und das Genom als die entscheidende regulierende Größe, gewissermaßen als das Betriebsprogramm im Menschen ansehen, bleibt eine Gentherapie problematisch. Bei einem

Eingriff in genetisches Material und einem Umprogrammieren dieses wissenschaftlich noch weitgehend unbekannten Programms, dessen „Programmiersprache“ noch weitgehend unergründet ist, bleiben Fehler und ihre Folgen nicht aus.

In den seltensten Fällen ist nur ein defektes Gen für eine Krankheit verantwortlich, zumeist liegt der Fehler bei mehreren Genen und ihrem gestörten Zusammenspiel oder ihrer gestörten Regulation. Hierüber ist noch allzu wenig bekannt, vielmehr werden nahezu täglich neue Einzelheiten entdeckt, die das Zusammenspiel der Gene in immer neuem Licht erscheinen lassen. So bleibt jeder Eingriff in das Genom ein Experiment mit unabsehbaren Folgen.

„Programmiersprache" der DNA
Ist das Programmieren am Menschen machbar?

Vergleichen wir den Menschen einmal mit einer Maschine, die wir programmieren oder vielmehr umprogrammieren wollen. Zunächst stellt sich dabei die Frage, auf welche Weise in dieses funktionierende System eingegriffen werden soll. Jeder, der umfangreiche Computerprogramme entwickelt hat, weiß, dass dabei trotz Sorgfalt, jahrelangen Nachdenkens und menschlicher Logik Fehler auftreten können und auch auftreten. Selbst sorgfältige Fehlersuche und Programmtests schließen nicht aus, dass im praktischen Betrieb nachher kleinere oder auch größere Fehler auftreten. Nun ist der Mensch kein Programm, noch weniger eines, das in einem Software-Haus entwickelt wurde. Wir kennen weder seine Programmiersprache – mehr als das Alphabet von vier „Buchstaben" zur Codierung des Programms ist uns kaum bekannt –, noch wissen wir, wie es programmiert wurde, noch, welche Anweisungen, von ihm gesteuert, zur Ausführung gelangen und welche Informationen weitergeleitet werden sollen, noch wann oder wie. Wie sollen wir da gezielt eingreifen? Und was geschieht, wenn wir durch unser Umprogrammieren Fehler einbauen, die womöglich nicht zu korrigieren sind?

Sabine Riewenherm, Biologin, vergleicht das Vorgehen bei der Gentechnik mit einem dicken Buch: „Stellen Sie sich vor, Sie schütteln einen dicken Schmöker und alle Buchstaben fallen heraus. Und nun müssen Sie herausfinden, auf welcher Seite an welcher Stelle die Buchstaben vorher standen. So ähnlich ergeht es einem Wissenschaftler, der sich an einem Projekt zur Entschlüsselung des menschlichen Genoms beteiligt. Nur hat er es nicht mit einem einzigen Buch zu tun, sondern mit rund eintausend Büchern, in denen alle Wörter nur aus den vier Buchstaben A, C, G und T [den Buchstaben der DNA] bestehen."[5]

Dietmar Hepper, Netzwerk für interdisziplinäre Ursachenforschung

KAPITEL 3

Alternative: ein ganzheitliches Welt- und Menschenbild

- **Grundaussagen eines ganzheitlich-universalistischen Weltbildes**
- **Der Mensch – ein Kräftebündel**
- **Krankheiten – Disharmonien im Kräftebündel Mensch**
- **Glück und Unglück, Gesundheit und Krankheit: Resultate aus Naturprinzipien**

Grundaussagen eines ganzheitlich-universalistischen Weltbildes[6]

Jedem steht es frei, wie er die Welt und auch den Menschen betrachten will. Wer die Überschaubarkeit eines materialistischen Welt- und Menschenbildes vorzieht, muss allerdings in Kauf nehmen, dass eine Vielzahl beobachtbarer und messbarer Ergebnisse nicht ausreichend erklärbar ist. Das Netzwerk für interdisziplinäre Ursachenforschung zeigt hingegen ein Welt- und Menschenbild auf, das weitaus komplexer ist und auf deutlich mehr kausale Bezüge hinweist: das ganzheitlich-universalistische Welt- und Menschenbild. Zunächst werden einige Grundaussagen des Weltbildes in Augenschein genommen, in das der ganzheitlich betrachtete Mensch eingebettet ist:

1. In einem ganzheitlich-universalistischen Weltbild werden geistige Prinzipien mit einbezogen. Nicht Materie ist hier die Grundlage, sondern das Zusammenwirken zwischen Geist und Materie in ihrer Dualität. Auf der einen Seite stehen in Bezug auf den Menschen Geist, Intelligenz, Wille, Energien und Bewusstsein, auf der anderen Seite Materie bzw. die verschiedenen Körper. Je nach dem evolutionären Stand einer Wesenheit sind diese Attribute mehr oder weniger latent vorhanden oder in Aktivität.
2. Hinter der Materie wirken Kräfte. Diese Kräfte oder Energien setzen Bewegung voraus, sind also mit „Leben" erfüllt und werden, je nach philosophischem Ansatz, auch mit Bewusstsein, Intelligenz, Wille, Geist, Gott oder Göttern gleichgesetzt. Als Kräfte sind sie der Materie inhärent. Kraft oder Energie und Materie können nicht voneinander getrennt werden, sie sind die zwei Seiten einer Medaille.
3. Das Universum ist mit einem lebendigen Organismus vergleichbar, in dem alles aufeinander aufbaut und untrennbar miteinander verbunden ist.

4. Im Universum geht nichts verloren. Alles, Kraft oder Energie, Bewusstsein oder Materie, verändert sich nur, es wandelt sich um in andere Formen oder Zustände, in andere Kräfte, Energien oder Bewusstseinsstufen. So wandelt sich auch Kraft bzw. Energie in Materie um und umgekehrt. Alles hat seine Existenz, die stets zyklisch verläuft.
5. Es gibt keinen absoluten Anfang und kein absolutes Ende. Alles existiert in der Unendlichkeit. Es gibt kein Innen und kein Außen.

Energieerhaltungssatz

Der Energieerhaltungssatz besagt, dass sich verschiedene Energieformen ineinander umwandeln. Die Menge an Gesamtenergie bleibt erhalten, nur die Form kann sich ändern. So geht zum Beispiel die Bewegungsenergie einer Kugel aus Knetmasse, die gegen eine Wand geworfen wird, in Verformungsenergie über. Die Summe der Energien vor und nach dem Aufprall auf die Wand bleibt gleich.

Schrödinger-Gleichung

Jedes Teilchen und auch jede Energie hat eine Wellenfunktion; sind es zwei Teilchen, dann haben sie nicht zwei Wellenfunktionen, sondern eine gemeinsame, sind es drei, dann haben diese drei eine gemeinsame Wellenfunktion. So ist es auch, wenn alle Teilchen im Universum betrachtet werden: Sie haben eine gemeinsame Funktion. Sie stehen alle in Beziehung zueinander.

Welle-Teilchen-Dualismus

Der Welle-Teilchen-Dualismus besagt, dass jedes Teilchen einen Wellen- oder Energie-Aspekt hat und jede Energie auch einen Teilchen-Aspekt. Das Teilchen, also die Materie, ist von der Welle, der Energie, nicht zu trennen. Sie sind ineinander umwandelbar.

Louis Pasteur und Hermann Hofmann formulierten dies sinngemäß und bewiesen experimentell: Omne vivum ex vivo; Lebendes entsteht nur aus Lebendem.

6. In seiner Essenz ist letztlich alles – Kraft beziehungsweise Energie und Materie, also alles Leben – identisch. Der Kosmos ist eine Einheit, und alles ist Teil dieser Einheit.
7. Es gibt natürliche Gesetzmäßigkeit. Auf jede *actio* (Aktion, Kraft) folgt eine *reactio* (Reaktion).

Das ganzheitlich-universalistische Menschenbild geht von einer grundlegenden Einheit allen Lebens aus, in der alles miteinander verbunden ist, ineinander und miteinander wirkt. Nichts existiert getrennt voneinander. Hinter der sichtbaren Materie sind Energien, Bewusstsein, Wille, Geist und Intelligenz die ursächlich wirkenden Kräfte. Geist und Materie wirken stets in der Dualität, sie sind sozusagen die zwei Seiten einer Medaille.

Auch in der Physik ist die Dualität von Energie oder Kraft und Materie ein Thema. Kraft gilt hier als Ursache, zum Beispiel für die Beschleunigung oder Verformung eines Körpers, mit anderen Worten, für die *Zustandsänderung* eines Körpers. Eine Kraft wirkt auf etwas ein, sie ist die Ursache einer Bewegung oder Veränderung und hat eine Wirkung zur Folge. Die Kraft eines Magneten beispielsweise bewegt Eisen. *An der sichtbaren Wirkung wird die unsichtbare Kraft erkennbar, das bedeutet, dass die Kraft erst durch das Vorhandensein von Materie „sichtbar" wird,* durch die Zustandsänderung von Materie. Hinter der Materie steht also eine wirkende Kraft.

Zur Frage der Beziehung zwischen Kraft und Materie sagt Werner Heisenberg: „Eine klare Unterscheidung zwischen Materie und Kraft oder zwischen Kraft und Stoff kann in diesem Teil der Physik [der Kern- oder Teilchenphysik] nicht mehr gemacht werden, da jedes Elementarteilchen nicht nur selbst Kräfte hervorbringt und durch Kräfte beeinflusst wird, sondern da es zur gleichen Zeit ein gewisses Kraftfeld repräsentiert. Der quantentheoretische Dualismus zwischen Wellen und Teilchen bewirkt, dass dieselbe Realität sowohl als Materie als auch als Kraft in Erscheinung tritt."[7] Und Frieder Lauxmann bemerkt: „Eine klare Trennung zwischen Materie und geistigen Kräften ist im Rahmen quantentheoretischer Hypothesen nicht mehr begründbar [...]“[8]

Der Mensch – ein Kräftebündel

Die Beziehung zwischen Kraft oder Energie und Materie ist heute als Welle-Teilchen-Dualismus bekannt und wird durch Erkenntnisse der Quantentheorie unterstützt. Damit wird ein philosophischer Gedanke naturwissenschaftlich untermauert: Überall im Kosmos wirken Kräfte, die der Materie inhärent sind. Das ganzheitlich-universalistische Welt- und Menschenbild geht davon aus, dass Kräfte und Materie immer zusammen existieren und mit- und ineinander wirken. Beide sind Äußerungen von Bewusstsein. Sie sind „lebendige“ Kräfte, wie Leibniz es ausdrückt, und keine rein mechanistischen oder physikalischen Kräfte. Hinter jeder materiellen Erscheinungsform wird die Wirkung einer Kraft oder Energie angenommen, die von Bewusstsein gelenkt und geleitet wird. In dem hier skizzierten Weltbild ist der Mensch ein Bündel vielfältiger Kräfte, von Kräften der verschiedensten Bewusstseinszustände, Qualitäten und Frequenzen, denen Lebenskraft, Wunsch- und Willenskraft, Gefühle und Emotionen, intellektuelles und intuitives Denken, Pflichtbewusstsein, Milde, unpersönliche Liebe und Erkenntniskraft inhärent sind.

Ein ganzheitlich-universalistisches Menschenbild im oben genannten Sinn ist auch in der antiken griechischen Philosophie und in der indischen Philosophie der älteren Upanishaden zu finden. Hier werden exemplarisch zwei Menschenbilder vorgestellt: das platonische Menschenbild aus der griechischen Philosophie und ein Menschenbild aus den Upanishaden, das von Purucker beschreibt. Diese beiden Menschenbilder belegen, dass das ganzheitlich-universalistische Menschenbild nicht auf eine Kultur und eine Zeitperiode begrenzt ist.

Platon dient als Vertreter der westlichen Welt. Er kann als einer der wichtigsten „Gründer“ und Ideengeber der heutigen Wissenschaft angesehen werden, auch wenn sich diese vom platonischen Denken mittlerweile weit entfernt hat. Von Purucker war Naturforscher und Sprachgelehrter, Wissenschaftler und Philosoph der neueren Zeit. Er studierte verschiedene Kulturen und deren Sprache und alte Literatur im Original (zum Beispiel Sanskrit) und dient daher in diesem Zusammenhang als Vertreter und Übermittler der indischen Philosophie. Die Menschenbilder, die hier gemeinsam erklärt und interpretiert werden, ergänzen einander. Beide, Platon und von Purucker, unterscheiden im Menschen sieben Hauptkräfte oder Prinzipien mit ihren zugehörigen Materieaspekten. Die Unterteilung ist in ihren Grundzügen (im Prinzip) dieselbe, jedoch werden unterschiedliche Aspekte zur Verdeutlichung derselben Prinzipien angeführt.

Platon
(427–347 v. Chr.)

Gottfried von Purucker
(1874–1942)

Die Begriffe in der linken Spalte (s. Tabelle S. 52) stehen für die verschiedenen Hauptkräfte oder Prinzipien, die einen Menschen ausmachen. Die Prinzipien haben jeweils einen Kraft- oder Energieaspekt und einen Materieaspekt. Sie bilden gewissermaßen Geist-Materie-Paare als Dualität.

An der Basis finden wir das **Phainomenon** und das **Sthûla-śarîra**, den sichtbaren Bestandteil, den Körper. Ihm kommt die Bedeutung einer Behausung zu, eines „Trägers" oder „Vehikels" für den Menschen. Der Körper ist die Materieseite für die ihm innewohnenden Kräfte. Er ermöglicht es dem inneren Menschen, sich in der äußeren, materiellen Welt zum Ausdruck zu bringen, und ist somit die Voraussetzung für aktive Tätigkeit in der Manifestation und damit auch für Evolution. Als Vehikel für den inneren Menschen, den Platon und von Purucker als Seele bezeichnen, ist der Körper von seelischen und geistigen Kräften durchdrungen und während der Lebensphase nicht von ihnen zu trennen.

Griechische Philosophie der Antike – Menschenbild nach Platon	
Agathon	Das Geistige
Nous	Das Spirituelle, der Vermittler des Geistigen
Psyche	Die menschliche Seele
Phren	Der Intellekt
Anoia	Die Tierseele
Eidolon	Der Modellkörper des Menschen, Lebenskraft
Phainomenon	Der Körper

Philosophie der Upanishaden, altes Indien – Menschenbild nach von Purucker	
Âtman	Geistige Essenz, Verbindung zum Universalen
Buddhi	Höheres Denken und Verstehen, Intuition
Manas	Denken (rational und intuitiv), Selbstbewusstsein
Kâma	Wünsche und Begierden, Wille
Prâna	Lebenskraft, Vitalität
Linga-śarîra	Astral- oder Modellkörper, Schutzgürtel
Sthûla-śarîra	Physischer Körper

Das **Eidolon** oder der **Modellkörper** dient als Modell oder Gerüst, nach dem sich der Körper Zelle um Zelle aufbaut und aus dem heraus er sich entwickelt, ähnlich einem Schnittmuster für ein Kleid. In weit größerem Umfang als die DNA enthält das **Eidolon** oder das **Linga-śarîra** alle Informationen für den Aufbau und die Funktionen des „physischen" Körpers. Ohne Plan, ohne Modell oder „Vorbild" (Vorbild = gr. eidolon) kann der Körper – dieses regelrechte Wunderwerk an Struktur und Zusammenspiel – nicht aufgebaut werden. Ohne Plan könnten zum Beispiel Wunden nicht verheilen und die Moleküle und Atome nicht an den richtigen Platz im Organismus „dirigiert" werden.

Prâna ist nach von Purucker Vitalität oder Lebenskraft. Er bezeichnet sie auch als „psycho-elektrisches Feld" jener Vitalität, die wir Menschen – wie alle Lebewesen – zum Leben benötigen. **Prâna** ist sozusagen die Batterie, die dem Menschen seine vitale Energie gibt. Platon setzt diese Kraft der **Anoia,** der Tierseele, gleich, den tierischen Kräften und Impulsen.[9] Er unterscheidet dieses Prinzip, dieses Geist-Materie-Paar, somit von den rein menschlichen Eigenschaften.

Kâma ist das Wunsch-Prinzip. Von Purucker beschreibt es als die treibenden und elektrischen Kräfte im Menschen, als die Grundlage der Tätigkeit. Er schildert Kâma als „farblose" Kraft, die ihre Färbung erst durch den direkten Gebrauch des Verstandes erhält. Platon nennt diese Kraft **Phren** und sieht sie als abhängig vom Intellekt. Die wichtigsten treibenden Kräfte sind die des Wünschens, des Wollens und des Denkens. Da sie unterschiedliche Qualitäten haben, sind auch sie dual. Wir können zwischen egoistischen und selbstlosen Wünschen unterscheiden, bei denen die Kraft des Wünschens unterschiedlich genutzt wird. Der Wille ist mitverantwortlich für die Entscheidungen und für die Richtung, die wir unserem Leben geben. Durch sein relatives Selbstbewusstsein kann der Mensch mittels seines Denkens bis zu einem gewissen Grad frei entscheiden, was er tun oder lassen will.

Manas oder auch das Denken, für Platon die **Psyche,** ist sowohl für von Purucker als auch für Platon eine besondere Kraft des Menschen. Nach von Purucker ist es das Zentrum des Ich-Bewusstseins im Menschen, des menschlichen Bewusstseins, des Denkens. Manas kommt daher eine zentrale Rolle für den Menschen und seine Entwicklung zu. Für Platon ist die Seele der wichtigste Teil im Menschen. Werden die beiden Facetten des fünften Geist-Materie-Paares von Platon und von Purucker miteinander in Verbindung gebracht, ist das Denken einer der wichtigsten Aspekte des Menschen. Die Tätigkeit (Kraft) des Denkens dient zur Bewältigung vielfältiger Aufgaben: der Entwicklung wissenschaftlicher Errungenschaften, der Lebensplanung, der Entscheidungsfindung, dem Nachdenken und Reflektieren über Situationen und sich selbst. Auch Kulturen und Zivilisationen werden durch Gedanken und Ideen aufgebaut oder zerstört. Denken ist die wichtigste Voraussetzung für das eigene Wünschen und den Umgang mit anderen Menschen. Es ist eine typische menschliche Kraft und Fähigkeit, die die Stellung des Menschen und seine außerordentliche Verantwortung sowohl für die Natur als auch für die unter ihm stehenden Reiche verdeutlicht.

Buddhi, das intuitiv erkennende Prinzip, ist nach von Purucker die Fähigkeit im Menschen, die sich als Verstehen, Urteilsvermögen und Unterscheidungskraft zeigt. Der **Nous** aus dem platonischen Menschenbild ist das Medium, durch das Intuition, Erkenntnis, zur Wirkung kommt, es ist das höhere Denken. Intuition wird für Problemlösungen und Ideen gebraucht – in jenen Bereichen, in die das eigentliche Denken nicht reicht.

Das **Agathon** von Platon ist das Höchste, das Edelste, das der Mensch erkennen kann und nach dem er strebt – universal anwendbare Ethik. Um dahin zu gelangen, bedarf es der Anstrengung und „Seelenbildung" beziehungsweise der Kultivierung der Seele, des Strebens nach Tugend. Für von Purucker ist **Âtman** reines Bewusstsein, Bewusstsein **an sich,** die essenzielle, ursprüngliche Kraft oder Fähigkeit im Menschen, ein universales Prinzip. Demnach ist **Âtman** oder das **Agathon** der innere oder „göttliche" Kern, das universale Prinzip des Menschen, das ihn mit dem Universum verbindet.

Wie sehr wir von den unterschiedlichsten Kräften zusammengesetzt und durchdrungen sind, zeigen vielerlei Beobachtungen im täglichen Leben. Wer kennt nicht die inneren Kämpfe, die einer zu treffenden Entscheidung vorausgehen, die Angst vor Prüfungen, Operationen oder Veränderungen, den Traum eines Wunsches, das Bemühen, den Willen zu stärken? Welche Kraftanstrengung wird benötigt, um das Rauchen einzustellen, den Alkoholkonsum oder übermäßiges Essen zu reduzieren! Wer hat nicht schon den Schmerz des Liebeskummers gefühlt oder die Freude einer erfüllten Liebe, den Kraftgewinn nach einer überstandenen Krise, das unsagbar schöne Empfinden bei einem Spaziergang in der Natur, das Einsfühlen mit dem Universum unter dem sternenklaren Himmel oder beim Ausblick auf ein türkisblaues Meer, das am Horizont eins wird mit dem Himmel? Und kommt nicht bisweilen nach stundenlangem Grübeln über eine Aufgabe irgendwann ganz plötzlich und unverhofft eine sofort eingängige Lösung in das intuitive Gemüt? All diese Eigenschaften, Gefühle und Empfindungen machen einen Menschen aus. Täglich haben wir mit ihnen in der einen oder anderen Weise zu tun und werden mit ihnen konfrontiert. Die aufgeführten Menschenbilder strukturieren diese Eigenschaften, Fähigkeiten und Kräfte gemäß ihrer Qualität.

Krankheiten – Disharmonien im Kräftebündel Mensch

Im ganzheitlich-universalistischen Menschenbild ist der Mensch mehr als seine äußere Form. Er ist ein Bündel von Kräften, ein wunderbares Zusammenspiel von Energien, die im gesunden Menschen aufeinander abgestimmt sind und harmonisch zusammenwirken. Sinnbildlich kann der Mensch auch als ein Orchester betrachtet werden, in dem die Musiker zusammenspielen und ihre Töne und Melodien harmonisch zu einer Symphonie vereinen. Misstöne dagegen können zu Disharmonien führen, die die Gesundheit des Menschen stören und Krankheit erzeugen.

Platon und von Purucker beschreiben die Entstehung von Krankheiten übereinstimmend in dieser Weise und erklären, was Krankheit *an sich* ist. Nach von Purucker ist ein Mensch dann gesund, wenn die Energien oder Kräfte, die ihn aufbauen, im Gleichgewicht stehen. Die Lebenskraft, die dem Menschen „Leben" gibt, kann dann ungehindert durch ihn hindurchströmen, ähnlich dem Treibstoff beim Auto. Ist eine ausreichende Menge geeigneten Kraftstoffs getankt, fährt das Auto ohne Schwierigkeiten. Die Energien und Kräfte des Menschen sind jedoch nicht „örtlich" gebunden, sie strömen in ihm, durch ihn und gehen über ihn hinaus in die gesamte Natur. So befindet sich im Zustand der Gesundheit jeder Teil des Menschen in Harmonie mit jedem anderen und mit der gesamten Natur.[10] Gesundheit ist demnach die inhärente Harmonie und zugleich jene Harmonie, die den Menschen mit der Natur, mit ihren vielfältigen Energien verbindet. Physikalisch kann dies mit der Wellenfunktion Schrödingers verglichen werden, die

die Beziehung zweier oder mehrerer „Teilchen“ im Raum beschreibt.[11] Dadurch erklärt sich auch die Beziehung des Menschen zu seiner Umwelt und zur gesamten Natur sowie auch zu sich selbst.[12]

So ist für von Purucker Krankheit die Disharmonie verschiedener Kräfte im Menschen. Da er davon ausgeht, dass der physische Körper des Menschen eine Manifestation seiner inhärenten Energien ist, kann sich die Disharmonie der Energien zum Beispiel als Krankheit jeglicher Art zeigen. Eine Disharmonie in dem Kräftebündel kann sich jedoch auch, bevor sie als Krankheit hervorbricht, umwandeln und wieder in Harmonie bringen lassen. Für einen diagnostizierten Erbfehler bedeutet dies, dass er nicht zum Ausbruch kommen muss. Aus diesem Grund warnt von Purucker davor, Prognosen zu stellen, die Emotionen hervorrufen. Gefühle oder Gedanken der Angst, Verzweiflung oder Mutlosigkeit können die innewohnenden Energien ins Ungleichgewicht bringen, was dann erst recht zur Verzweiflung führen kann. So kann eine Gendiagnose, durch die ein Gendefekt festgestellt wurde, einen Menschen regelrecht krank machen.

Platon erklärt die Entstehung von Krankheiten ähnlich wie von Purucker. In seiner bildhaften Sprache beschreibt er, wie und warum das Ungleichgewicht von Kräften zu einer Krankheit führt: „Woher aber Krankheiten kommen, so ist es wohl für jedermann offensichtlich. Wahrlich, denn es sind vier Elemente, aus denen sich der Körper zusammensetzt, Erde, Feuer, Wasser und Luft. So wird jedes widernatürliche Zuviel oder Zuwenig derselben und die widernatürliche Vertauschung des natürlichen Platzes, das heißt das Übergehen vom vertrauten eigenen zu einem fremden Ort, Störungen und Krankheiten gebären, ebenso auch – da das Feuer und die anderen Elemente über mehr als eine Unterart verfügen – die Aufnahme nicht zugehöriger Eigenschaften in den eigenen Bereich und alle ähnlichen Vorkommnisse derselben Art. Denn wenn irgendeine von ihnen naturwidrig ihre Eigenschaften verändert oder ihren Ort wechselt, so wird erhitzt, was vorher kalt, und feucht, was vorher trocken, und schwer, was vorher leicht, und leicht, was vorher schwer war, kurz, alles erleidet alle möglichen Wandlungen. Wir behaupten also, dass in Wirklichkeit nur dann, wenn jedes Element gleichmäßig und in Übereinstimmung mit natürlichem Gesetz zu sich selbst hinzukommt [Gleiches zu Gleichem, d. Ü.] oder von ihm weggeht, ein jedes, als sich selbst gleichbleibend, sich unversehrt und gesund erhalten kann. Wenn aber während des Ausgangs oder Eingangs von einem von ihnen eine Anomalie geboren wird, wird diese eine Mannigfaltigkeit von Veränderungen und Krankheiten und unzählbare Zerstörungen gebären."[13]

Platon geht von vier Energien aus, die im Menschen hauptsächlich aktiv sind.[14] Jeder Überschuss oder jedes Zuwenig ist unnatürlich. Dieses Zuviel oder Zuwenig bedeutet, dass die Energien den „Ort" gewechselt haben, dass sie sich also an anderer Stelle befinden, als es für den jeweiligen Menschen, seinen Charakter und seine Eigenschaften gut wäre. Sie nehmen dadurch auch Eigenschaften auf oder an, die dem Menschen unangemessen sind, die nicht zu ihm passen. Hier geht es um die unnatürlichen Veränderungen und Umwandlungen, die so erklärt werden könnten, dass die „kälteren" Kraft-Elemente-Paare „warm" werden, die „feuchten" „trocken", die „leichten" „schwer". Sie erfahren unnatürliche Umwandlungen und Veränderungen. So entstehen Disharmonien und Krankheiten.

Bis heute werden Krankheiten auch auf „seelische" Ursachen zurückgeführt. Oft wird der Begriff Psychosomatik benutzt. Jedoch wird in der Regel nur dann von psychosomatischen Krankheiten gesprochen, wenn die direkte Ursache für eine Krankheit, zum Beispiel die Migräne, nicht erkennbar ist oder die genauen Zusammenhänge nicht nachvollziehbar sind. Aus einem ganzheitlichen Ansatz heraus wird deutlich, dass viel mehr Krankheiten psychosomatisch bedingt sind als allgemein angenommen. Gemäß einem ganzheitlichen Menschenbild und den Ausführungen von Puruckers und Platons stammen viele Krankheiten aus einem Ungleichgewicht der dem Menschen innewohnenden Energien. Sie können auch als seelische Energien der Seele bezeichnet werden.

Glück und Unglück, Gesundheit und Krankheit: Resultate aus Naturprinzipien

Glück oder Unglück, Gesundheit oder Krankheit sind nach von Purucker nicht die Resultate des Zufalls, sondern sie sind die Resultate von Naturprinzipien. Auf der Grundlage seines ganzheitlich-universalistischen Weltbildes erklärt von Purucker: Wenn ein Mensch handelt, handelt er von innen, aus seinem inneren Wesen heraus. Er handelt durch eine mehr oder minder große Freisetzung seiner eigenen angeborenen, inhärenten, ihn zusammensetzenden Energien. Diese Freisetzung von Energie, dieser Ausfluss von Energie, wirkt auf seine Umwelt ein, auf die ihn umgebende Natur, und ruft eine augenblickliche oder verzögerte Reaktion, einen Widerhall hervor. Aus der Physik ist bekannt: auf *actio* folgt *reactio,* und *reactio* ist gleich *actio*. Die Natur reagiert auf den Anstoß, den der Mensch durch sein Handeln ausgelöst hat. Vergegenwärtigen wir uns die Wellenfunktion der Quantenphysik: Alle Teilchen stehen in Beziehung zueinander. Auch Mensch und Natur stehen in einer Energie-Teilchen-Beziehung. „Strahlt" der eine Partner dieser Beziehung, der Mensch, Energien in die Natur aus, dann reagiert die Natur darauf, und die Energien kommen zu dem Menschen zurück. Bei diesem Bumerangprinzip spielt die Energieerhaltung eine wichtige Rolle.

Das beschriebene Prinzip ist das Gesetz von Ursache und Wirkung, das in der indischen Tradition als „Karman" und in der platonischen und antiken Tradition als „αιτια και αιτιατο" – die Ursache und das Verursachte – zu finden ist.[15] Mit diesem Naturprinzip wird eine Kette der Verursachung beschrieben, die zurückreicht in die endlose Vergangenheit und die sich daher notwendigerweise in die endlose Zukunft erstrecken muss. Dieses Naturprinzip besagt, dass jeder Mensch die Rückwirkung von allem erhält, was er in Gedanken oder Taten hervorgerufen hat. Die Rückwirkung kann positiv oder negativ sein, abhängig von der Charakteristik der gelegten Ursache.

Das Naturprinzip von Ursache und Wirkung ist weder Fatalismus, noch entspricht es dem, was allgemein als „Zufall" bezeichnet wird.

Es basiert auf der Vernetzung und den Zusammenhängen in der Natur. Somit beinhaltet es im Wesentlichen den freien Willen, denn jeder Mensch, der Gedanken oder Handlungen einleitet, ist verantwortlich für das, was sich in Form von Folgen auswirkt.[16] In diesem Zusammenhang werden auch Glück und Unglück oder Gesundheit und Krankheit gesehen. Sie sind eigene Erzeugnisse. Da das Gesetz von Ursache und Wirkung jedoch nicht mit Fatalismus oder Zufall gleichzusetzen ist, sind Krankheit und Unglück nicht unbeeinflussbar.

Mit Bezug auf die Gentechnik stellt sich hier die Frage, welche Rolle den Genen in einem ganzheitlich-universalistischen Welt- und Menschenbild zukommt. Wofür sind die Gene zuständig? Welcher Bereich des Menschen wird von Genen regiert? Was bewirken wir, wenn wir Gene verändern? Unter diesem Aspekt werden im nächsten Kapitel verschiedene gentechnische Verfahren kritisch untersucht.

KAPITEL 4

Gentechnische Verfahren – Grenzen und Risiken

- **Ein grundlegendes Handicap**
- **Grüne Gentechnik – Perspektive für die Zukunft?**
- **Gendiagnostik – endlich Klarheit?**
  - **Präimplantationsdiagnostik (PID)**
  - **Gendiagnose am Embryo**
  - **Gendiagnose am Erwachsenen**
- **Gentherapie – Hoffnung für Unheilbare?**
- **Reproduktives Klonen**
- **Therapeutisches Klonen**
- **Adulte Stammzellen**
- **Reproduktionsmedizin**
- **Anhang: Embryonenschutzgesetz**

Ein grundlegendes Handicap

In einem ganzheitlichen Menschenbild sieht sich jede Form der Gentechnik mit einem grundsätzlichen Handicap konfrontiert: Sie setzt nicht an der Wurzel an, sondern verändert nur den materiellen Aspekt, die molekulare Ebene des physischen Körpers. Gewiss, die Gene sind sehr wichtige, informationstragende Moleküle, sie sind die Schlüsselmoleküle für die molekularen Mechanismen und die Steuerung unseres Körpers, letzten Endes sind sie jedoch nur die Ausführer und Informationsträger des Kräftebündels Mensch. Der Eingriff in die Gene kann daher lediglich, wenn überhaupt, eine kurzfristige äußerliche, phänomenologische Veränderung hervorrufen, denn die Ursachen für Gesundheit und Krankheit, die Wurzeln, liegen tiefer.

Wissenschaftler beginnen erst langsam, die komplizierten Regelkreise in den Zellen und ihre genetische Regulierung zu verstehen, sie entdecken ständig Neues, das alte Hypothesen über den Haufen wirft. Somit ist jeder Eingriff in diese Regulation ein Experiment am lebenden Patienten, und die langfristigen Auswirkungen und Risiken sind nicht abzusehen, zumal sich aus einem ganzheitlichen Menschenbild ergibt, dass die Entwicklung eines Menschen nicht auf eine Lebensspanne begrenzt ist. Wer kann schon vorhersagen, was eintreten wird, wenn der Körper, das materielle Vehikel, so verändert wird, dass er zum inneren Menschen nicht mehr passt, kein geeignetes Vehikel oder Werkzeug mehr ist? Ein wichtiges Kennzeichen von Leben ist Evolution: Wachstum im Einklang mit der Umgebung, Wachstum im Gleichklang zwischen Körper, Seele und Geist. Einseitige, gewaltsame Veränderungen nur auf einer, der physischen Seite könnten diesen Gleichklang empfindlich stören und Disharmonie und Krankheit hervorrufen, die durchaus viel tiefgreifender und verhängnisvoller sein mögen als die Krankheit, die der gentechnische Eingriff möglicherweise „geheilt" hat.

Da die Gentechnik heute sehr vielschichtig in ihren Anwendungen ist, ist es sinnvoll, exemplarisch auf einzelne Anwendungsgebiete näher einzugehen. Eine vollständige Abhandlung aller gentechnischen Methoden würde den Rahmen dieses Buches jedoch sprengen.

Grüne Gentechnik – Perspektive für die Zukunft?

Die vorliegende Untersuchung konzentriert sich vor allem auf die Anwendung der Gentechnik am Menschen. Daher soll zur grünen Gentechnik nur der Vollständigkeit halber kurz Stellung bezogen werden.

Einige Ziele der grünen Gentechnik sind durchaus verständlich: Sie will Pflanzen so verändern, dass sie mehr Ertrag bringen, gegen Unkraut oder Schädlinge besser gefeit sind oder nährstoffreicher sind. Dadurch sollen der zunehmende Nährstoffbedarf der wachsenden Weltbevölkerung besser gedeckt und die Umweltbelastung durch Herbizide und Pestizide gesenkt werden. Die Umsetzbarkeit dieser Ziele ist jedoch heftig umstritten. Insbesondere wird der Kampf gegen den Welthunger immer ein Vorwand bleiben, solange bei der Produktion transgener Pflanzen hauptsächlich marktwirtschaftliche Interessen in großem Stil im Vordergrund stehen.

Eine gentechnisch veränderte Färberdistel ist in der Lage, Insulin zu produzieren (Pflanzenpharming).
Foto © Paulatz, Wikipedia.

Der Punkt, der aus ganzheitlicher Sicht am meisten gegen die gentechnische Veränderung von Pflanzen spricht, lässt sich am besten am Unterschied zwischen Züchtung und Gentechnik verdeutlichen.

Züchtung ist eine uralte Kulturtechnik. Pflanzen werden gezielt so lange gekreuzt, bis sie die erwünschten Eigenschaften hervorbringen. Von „moderneren" Züchtungsmethoden einmal abgesehen, die mit künstlicher Befruchtung oder künstlicher Steigerung der Mutationsrate betrieben werden, wird den Pflanzen Zeit gelassen, ihren natürlichen Evolutionswegen, wenn auch beschleunigt, zu folgen.

Die grüne Gentechnik hingegen greift gewaltsam in die Evolution ein und erzeugt Organismen (oder genetische Information), die auf natürlichem Weg niemals zustande gekommen wären. Ein Beispiel hierfür ist (und hier können wir die Einschränkung „grün" durchaus einmal außer Betracht lassen) die gentechnische „Kreuzung" über Artgrenzen hinweg, die in unbeeinflusster Natur nicht möglich ist. Eine fruchtbare Fortpflanzung käme auf natürlichem Weg nicht zustande.

Welche Auswirkungen es hat, artübergreifend neue Erbinformationen in die Welt zu setzen, ist überhaupt noch nicht abzusehen. So können Kulturpflanzen, die mit einem Resistenzgen gegen Herbizide oder bestimmte „Schädlinge" versehen wurden, diese Information auch an Unkraut weitergeben, das dann möglicherweise einen Siegeszug ohnegleichen erlebt und alle positiven Einflüsse auf bessere Ernten mehr als vernichtet. Viren könnten für den Menschen äußerst gefährlich werden und heute noch unbekannte verheerende Epidemien auslösen.

Gendiagnostik – endlich Klarheit?

Die Erforschung des Genoms hat zur Entwicklung einer ganzen Reihe von Gentests geführt, die jetzt zu zunehmend erschwinglichen Preisen für medizinische Zwecke angeboten werden. Welchen Nutzen haben sie für Patienten, welche Risiken birgt ihre Anwendung?

Präimplantationsdiagnostik (PID)

Die prominenteste Methode der Gendiagnostik ist die Präimplantationsdiagnostik (PID). Sie kommt nur bei einer künstlichen Befruchtung (In-Vitro-Fertilisation) zum Einsatz und dient in diesem Rahmen der Auslese. Bei jeder künstlichen Befruchtung im Reagenzglas werden sicherheitshalber mehrere Eizellen befruchtet und einige Tage bebrütet. Nach drei Tagen haben sie sich zu einem Embryo mit 6 bis 10 Zellen entwickelt. Da nur 2 bis 3 Embryonen in die Gebärmutter eingepflanzt werden, werden von jedem Embryo ein bis zwei Zellen entnommen und untersucht. Von den Embryonen, die diesen diagnostischen Eingriff überleben, dürfen sich nur die geeignetsten weiter zu einem „Wunschkind" entwickeln, der Rest wird eingefroren und schlimmstenfalls zu Forschungszwecken verwendet (in der BRD zurzeit noch verboten). Dadurch ist die Möglichkeit des Selektierens gegeben, des Aussuchens des „besten" Embryos, des Wunsch-Kindes.

Die PID stellt einen besonders problematischen Eingriff in ungeborenes Leben dar. Mit ihrer Hilfe können Embryonen, deren genetische Information zu Erbkrankheiten oder Behinderungen führen kann, bereits im frühen embryonalen Stadium erkannt und selektiv entfernt werden. Damit haben sie keine reelle Chance, in den Mutterleib eingepflanzt zu werden. In aller Regel wird die Schwangerschaft dann bereits in der Retorte abgebrochen. Die Möglichkeit, die Gene des kranken Embryos in diesem Stadium zu korrigieren, sodass das Kind gesund zur Welt gebracht werden kann, ist noch Zukunftsmusik. Auch ist die Aussagekraft der PID noch lange nicht restlos geklärt. Die Genforscher beginnen erst, die komplizierten Regulationsmechanismen auf molekularer Ebene zu verstehen. Sie können die Buchstaben entziffern, was sie bedeuten, ist jedoch noch weitgehend verborgen. Wie kann ein derart fragmentarischer Test entscheiden, ob ein werdender Mensch leben darf oder nicht?

Darüber hinaus wirft die PID eine ganze Reihe ethischer Fragen auf: Was ist eine Krankheit, was eine Varietät? Ist „Kranksein" eine Schande? Welche Rolle spielt eine Krankheit für einen Menschen aus ganzheitlicher Sicht? Wird der Mensch durch seine Gene definiert? Ist es verantwortbar, einen – wenn auch ungeborenen – Menschen nur aufgrund seines Gesundheitszustandes auszuwählen oder auszusortieren? Wer entscheidet, was lebenswert ist? Hat die Gesellschaft die Verpflichtung, ungeborenes Leben zu beschützen? Und ab wann ist der Mensch ein Mensch?

Die Diskussion wird erbittert geführt. Etliche Diskussionsbeiträge lassen auf die unterschwellige Vorstellung schließen, Kranksein mache Menschen minderwertig und müsse um jeden Preis „geheilt" werden, andernfalls habe der heranwachsende Kranke keine Existenzberechtigung. Doch hängt Menschsein vom Gesundheitszustand ab?

Viele Befürworter der Gentechnik definieren den Menschen als Produkt seiner Gene – jener Gene, die er von seinen Eltern und Großeltern geerbt hat und die durch eine mehr oder weniger zufällige Kombination der elterlichen Gene entstanden sind. Krankheiten werden dann auf Fehler oder Mutationen während der Zusammenführung des elterlichen Erbgutes zurückgeführt. Die biochemischen Grundlagen zeigen jedoch, dass die Prozesse der DNA präzise und genau sind. Sie können zudem mittels zuverlässiger Fehlererkennungs- und -korrekturmechanismen etwaige Fehler reparieren, die sich durch Umwelteinflüsse und Mutationen einschleichen mögen. Dies spricht dafür, dass fehlerhafte Erbinformation nicht zufällig auftritt, sondern zu dem individuellen Menschen gehört, etwa so wie der Charakter, den er mitbringt.

Folgen wir einem mechanistisch-materialistischen Menschenbild, so führt die Reparatur der Gene mittels Gentechnik zu Gesundheit. Besteht jedoch keine Aussicht auf eine erfolgreiche Korrektur, dürfen diese kranken Embryonen-„Kinder" folgerichtig erst gar nicht zur Welt kommen. Krankheit wird nicht geduldet. Das werdende Menschenkind wird von vornherein ausgeschaltet oder aussortiert. Es wird letzten Endes als „seelenloses Ding" gesehen, über dessen Sein oder Nichtsein Andere bestimmen dürfen. Ist es nun ein „Ding" oder ein Mensch?

Wie wir es auch wenden, wir kommen an einer zentralen Frage nicht vorbei: Ist der Embryo im 4-, 8- oder 16-Zellen-Stadium ein Mensch?

Oder zumindest ein werdender Mensch? Oder ist er nur ein „Zellhaufen“? Wer darf entscheiden, wann ein werdender Mensch getötet werden darf, wann das Leben eines Menschen lebenswert ist und ob nicht perfekte Menschen ein „Recht“ auf ihr Leben haben? Was hat in solchen Fällen Priorität: der werdende Mensch oder die Wunschvorstellungen der Eltern, die ihnen von den PID-Ärzten vermittelt werden?

Wenn geklärt werden kann, wann Menschsein beginnt, erübrigen sich viele aktuelle Fragen im Zusammenhang mit dem Embryonenschutzgesetz, dem Umgang mit der PID und der Forschung an Embryonen.

Orientieren wir uns an einem ganzheitlich-universalistischen Welt- und Menschenbild, dann steht die Antwort außer Frage. Es beschreibt den Kosmos, unser Universum, als von Leben erfüllt. Dabei versteht es unter Leben nicht die verschiedenartigen Lebensformen, sondern die ursächliche geistige Kraft oder das Bewusstsein, das diese Lebensformen beseelt. Von Purucker erklärt, dass die traditionsreichen alten Philosophiesysteme von einem wichtigen Axiom ausgingen: „dass das Universum und alles in ihm Enthaltene – Großes, Kleines und alles, was dazwischen liegt – in und auf Bewusstsein aufgebaut ist und […] von Bewusstsein geleitet wird“.[17]

Demnach kann sich ein Mensch nur deshalb zu einem Menschen entwickeln, weil sein Bewusstsein menschlich ist. Nicht die befruchtete Eizelle an sich macht den Menschen aus, sondern das dahinterstehende Bewusstsein, das sich durch diese Zelle, durch diese Lebensform zum Ausdruck bringt. Das bedeutet aber auch, dass bereits in der befruchteten Eizelle alle Anlagen mehr oder weniger latent vorhanden sind, die diese Zelle zu einem Menschen werden lassen. Analog enthält auch eine kleine Haselnuss inhärent alle Anlagen, die bei günstigen Bedingungen ihr Wachstum zu einem ausgewachsenen Haselnussbusch ermöglichen. Denn bevor sich ein Mensch (oder auch ein Haselnussbusch) entwickeln oder entfalten kann, muss eine Anlage vorhanden sein, die entwickelt, ausgewickelt oder entfaltet werden kann.[18] Menschliches Bewusstsein kann sich in unserer Welt nur

Eine Haselnuss enthält die gesamte Information für einen Haselnussbusch. Foto © M. Schuppich, Fotolia.com

dann entfalten, wenn es die Möglichkeit für das menschliche Wesen bereits in sich hat und eine Lebensform, eine Zelle als Vehikel oder Werkzeug nimmt, die diese Potenzialität als Kern, als Essenz enthält. Es ist also nicht die Form, die ein Lebewesen essenziell ausmacht. In der Natur gilt das Prinzip der Dualität: Hinter der Form steht eine Kraft. Diese Kraft ist es, die als „geistige Essenz", Bewusstsein, spirituelle oder göttliche Energie bezeichnet wird. Sie ist stets vorhanden, noch bevor sich die erste Zelle teilt und zum Embryo und später zum Kind wird. Das bedeutet, dass der Embryo bereits im 4-, 8- und 16-Zellen-Stadium ein Lebewesen ist, das die Anfangsstadien eines Menschen durchschritten hat. Er birgt die Anlagen, den Keim, der ihn zu einem Menschen mit all seinen Organen, allen geistigen und seelischen Entfaltungsmöglichkeiten heranwachsen lässt.

Hermann Knoblauch betrachtete diesen Prozess wiederum innerhalb eines größeren Zusammenhangs. Ihm zufolge sind die Formen und Körper, die wir sehen, „nur zeitweilige Manifestationen einer inneren, unsichtbaren Essenz; um es mit Leibniz zu sagen: ‚die zeitweilige Offenbarung der Monade' [...] Sie haben Anfang und Ende innerhalb einer Offenbarung, einer Manifestation, einer Lebens- und einer Ruheperiode."[19] Formen und Körper existieren laut Knoblauch innerhalb von Zyklen in der Ewigkeit von Raum und Zeit.

Wenn wir ein ganzheitlich-universalistisches Welt- und Menschenbild in Betracht ziehen, können wir im frühesten Embryo nicht lediglich einen Zellhaufen sehen, sondern eine wachsende Lebensform mit allen Anlagen, die ein Mensch benötigt, um Mensch zu werden. Verleiht dieses Wissen dem Embryo nicht eine uneingeschränkte Würde?

Gendiagnose am Embryo

Bereits lange Zeit vor der PID wurden Verfahren entwickelt, um Risikoschwangerschaften und fehlgebildete Kinder möglichst früh zu erkennen und die Sicherheit für die Schwangeren zu erhöhen. Seit 1958 ist die Ultraschalluntersuchung verfügbar, die immer bessere Einblicke in vorgeburtliches Leben ermöglicht.

1966 folgte die Amniozentese: Es war nun möglich, der werdenden Mutter unter Ultraschallkontrolle mittels einer langen Injektionsnadel Fruchtwasser zu entnehmen, aus dem Fruchtwasser fetale Zellen zu isolieren und die Chromosomen des Feten auf Anomalien zu untersuchen. Zumindest das Down-Syndrom (Mongolismus), bei dem das Chromosom 21 dreifach vorliegt, konnte so sicher ausgeschlossen werden. Die Untersuchung ist ab der 13. Schwangerschaftswoche verfügbar, frühestens ab der 10. (frühe Amniozentese seit 1987). Der Preis ist relativ hoch: Die Untersuchung kann eine Fehlgeburt auslösen (je nach Erfahrung des Untersuchers in 1,5–5 %).

1983 wurde die Chorionzottenbiopsie eingeführt, die eine Chromosomenanalyse bereits in der 6. bis 8. Schwangerschaftswoche (SSW) ermöglicht. Hierbei werden Zellen aus der embryonalen Eihaut gewonnen und untersucht. Das Risiko einer Fehlgeburt liegt in der gleichen Größenordnung wie bei der Amniozentese.

Das Spektrum der Pränataldiagnostik wurde 1999 noch um die Nabelschnurpunktion erweitert (ab 20. SSW, Fehlgeburtsrisiko 2–7 %).

2008 wurde der Down-Syndrom-Test entwickelt, der auf der Analyse von kindlichen DNA-Bruchstücken im mütterlichen Blut beruht und ab der 12. SSW aussagekräftig ist. Er geht naturgemäß mit keinem Fehlgeburtsrisiko einher.

Die riskanteren Eingriffe zur Gewinnung kindlicher Chromosomen (Amniozentese, Chorionzottenbiopsie und Nabelschnurpunktion) werden nur bei Risikoschwangerschaften erwogen, wenn zum Beispiel die werdenden Mütter unter 18 oder über 35 Jahre alt sind, an der Zuckerkrankheit leiden oder bereits Fehlgeburten hinter sich haben. Das Ergebnis kann für das werdende Kind ebenso fatal sein wie der

Befund einer PID: Sollte sich herausstellen, dass der kleine Mensch eine Fehl- oder Missbildung hat, muss er mit einer Abtreibung rechnen. Hier geht laut geltendem Recht mütterliches Wohl vor Kindeswohl, die Entscheidung liegt bei der Mutter.

Problematischer als diese Verfahren ist der Bluttest auf das Down-Syndrom. Da er die Schwangerschaft nicht gefährdet, könnte er theoretisch bei jeder Schwangeren durchgeführt werden und letztlich dazu führen, dass kein Kind mit Down-Syndrom mehr eine Chance hat, das Licht der Welt zu erblicken. Wer solche Kinder einmal näher kennengelernt hat, wird dies bedauern und für unverantwortlich halten.

Eine Krankheit oder Behinderung ist kein Makel, sondern ein charakteristisches Merkmal. Sie ist kein zufälliges Ereignis, sondern eine Lebensbedingung, die für den Menschen in seiner speziellen Phase der Entwicklung und Evolution möglicherweise sinnvoll und förderlich ist. Niemand sollte das Recht haben, einem Behinderten die ihm zugemessene Lebenszeit zu verweigern. Weder ein Arzt noch eine Mutter kann sich anmaßen, eine Entscheidung für einen Schwangerschaftsabbruch „im Interesse des Kindes“ zu treffen.

Gendiagnose am Erwachsenen

Als eines der handfestesten Ergebnisse des Humangenomprojektes gibt es mittlerweile eine Reihe von Gentests, die Prognosen erlauben, ob ein Mensch vielleicht irgendwann einmal an einer Krankheit erkranken wird. Die Tests spüren „krankhaft veränderte Gene“ auf. Ob allerdings ein „krankes“ Gen dann wirklich zur Krankheit führt, ist keineswegs gewiss. Die Möglichkeit existiert zwar, aber eine „Sicherheit“ gibt es nicht. Wer jedoch einmal als potenziell krank diagnostiziert wird, muss mit der ständigen Angst leben, dass ihn die drohende Krankheit doch einmal ereilt. Das Leben kann so zur Qual werden.

Es ist fraglich, ob die Gendiagnostik überhaupt eine Hilfe für den Menschen sein kann. Für viele Krankheiten gibt es keine erfolgversprechenden Heilungsmethoden. Der als gen-positiv diagnostizierte Mensch wird dann mit seinem Wissen um die grauenvolle Zeitbombe

Gentest auf Brustkrebs

Die genetische Disposition zu Brustkrebs lässt sich heute durch Gentests aufdecken. Ob die Disposition zur Krankheit führt, kann aber niemand vorhersagen. Dafür sind eine Vielzahl von Faktoren entscheidend. Ein positiver Gentest hat also im besten Fall zur Folge, dass Frauen häufiger zur Krebsvorsorge gehen. Er kann aber auch zu übersteigerter Angst vor Krebs führen. Es gibt bereits Frauen, die sich allein aufgrund eines positiven Gentests die Brüste abnehmen ließen.

in seinem Innern alleingelassen und kann sich die Zeit des Wartens auf den Ausbruch der Krankheit damit vertreiben, sich im Internet oder in einschlägiger Literatur über alle Einzelheiten der drohenden Krankheit zu informieren. Er kann kaum mehr ohne Angst leben. Doch gerade das ständige Denken an die Krankheit und das Ausmalen ihrer Symptome wirken als eine starke Kraft, die die Krankheit regelrecht anzieht und verstärkt.

Wer will oder kann dafür die Verantwortung übernehmen?

Wissbegierige Menschen haben heute die Möglichkeit, ihr gesamtes Genom analysieren zu lassen. Die Sequenzierung der 23000 klassischen Gene enthält die Bestimmung der Gene, die für die wichtigsten genetischen Krankheiten verantwortlich sind. Doch aus der endlosen Buchstabenfolge können beim heutigen Kenntnisstand selbst erfahrene Humangenetiker nur vage Schlüsse ziehen, Halbwissen jedoch ist gefährlicher als Unkenntnis.

Gentherapie

Voraussetzung für eine Gentherapie im engeren Sinne ist, dass eine Krankheit durch ein „defektes" Gen bedingt und das gesunde Gen bekannt und verfügbar ist. Das „gesunde" Gen wird dann mit verschiedenen Methoden direkt oder über einen Träger in den Körper eingebracht, in der Hoffnung, dass es seinen Weg zur richtigen genetischen Schaltstelle findet. Als Träger werden zum Beispiel bestimmte Viren benutzt, zumeist Adenoviren. Das zu übertragende Gen wird in die DNA der Viren eingebaut, dann wird der Patient mit diesen Viren infiziert. Hierbei wird die Fähigkeit der Viren genutzt, ihre Nukleinsäuren in das Erbgut einer Zelle einzuschleusen.

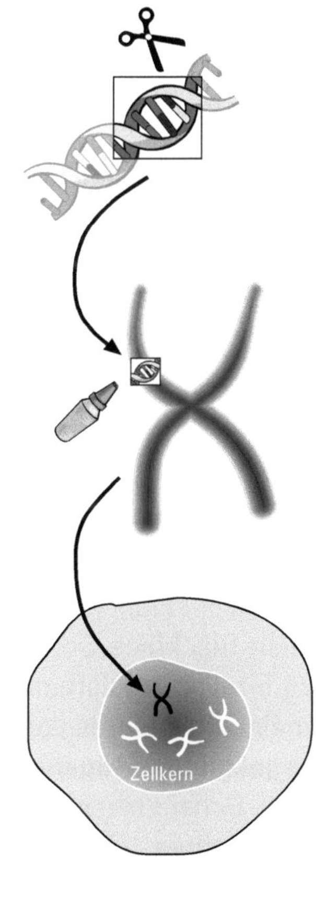

Das Prinzip der Gentechnik: die gezielte Veränderung von Genen

1. Schritt:
Herausschneiden eines Gens aus einem DNA-Strang

2. Schritt:
Zusammenkleben dieses Gens mit einem entsprechenden DNA-Strang eines anderen Chromosoms

3. Schritt:
Einfügen des veränderten Chromosoms in einen Zellkern

Nun ist dieser Mechanismus jedoch mit verschiedenen Unsicherheiten behaftet. Zum einen suchen die Viren selbst aus, welche Zellen sie befallen, in welche Zellen sie also das gewünschte Gen einbauen. Zum anderen haben sie immer noch ihre eigene Erbinformation, die dem Patienten ebenfalls zugemutet wird. Obwohl die Viren vor ihrem Einsatz als „Träger" nach bestem Vermögen geschwächt werden, können sie dennoch unberechenbare Krankheiten auslösen. So sind tatsächlich bereits Todesfälle nach einer Gentherapie aufgetreten, während eine Heilung noch nicht aufgetreten ist. Alles in allem ergibt sich eine ernüchternde Bilanz: Bisher gibt es, mit Ausnahme einzelner Fälle von anekdotenhaftem Charakter, keine Belege, dass Gentherapie irgendeine Krankheit heilen kann.

1999 starb der 18-jährige Jesse Gelsinger an den Folgen einer Adenovirus-Infektion im Rahmen einer Gentherapie. Er war das weltweit sechste offiziell gemeldete Todesopfer einer Gentherapie und brachte das Fass zum Überlaufen. Die Gentherapie-Forschung wandte sich neuen Wegen zu.

Als Ziel wurde nun angestrebt, totipotente beziehungsweise pluripotente Stammzellen zu gewinnen, die sich wie eine befruchtete Eizelle zu einem Kind oder zu jeder Art von Gewebe entwickeln können. Wenn die Ausgangszelle für diese Stammzellen vom Patienten selbst stammt, also das exakte Erbmaterial des Patienten aufweist, kann ihm das gezüchtete Gewebe transplantiert werden, ohne dass eine Abstoßungsreaktion zu befürchten ist.

Reproduktives Klonen

Der Durchbruch gelang 1996 mit der Geburt des Klonschafs Dolly. In Schottland bauten der Zellbiologe Keith Campbell und der Embryologe Ian Wilmut Zellkerne aus Euterzellen eines Scottish-Blackface-Schafes in 277 Schaf-Eizellen ein und konnten so 29 Eizellen erfolgreich „befruchten". Von den Embryonen überlebte nur einer und wurde von einer Leihmutter geboren. Dolly wurde als erstes geklontes Säugetier weltberühmt, starb aber schon nach sechs Jahren. Schafe erreichen normalerweise ein Alter von durchschnittlich 10–12 Jahren.

Klonschaf Dolly, ausgestellt im Royal Museum of Scotland. Foto © TimVickers, wikipedia

Nach der Geburt Dollys wurden in rascher Folge weitere Säugetiere geklont: 1997 Maus, 1998 Rind und Ziege, 2000 Schwein, 2001 Kaninchen und Katze, 2002 Ratte, 2003 Maultier und Pferd, 2004 Hirsch, 2005 Büffel, Hund und Wolf, 2007 Rhesusaffe, 2009 Dromedar. Auffällig war die geringe Ausbeute: Die Forscher müssen in der Regel Hunderte von Eizellen „befruchten", bis sich eine Eizelle nach Transfer in eine geeignete Gebärmutter zu dem gewünschten Tier entwickelt und dieses lebendig zur Welt kommt. Darüber hinaus erwiesen sich die geklonten Tiere als krankheitsanfällig und haben eine geringe Lebenserwartung.

Ein Mensch ist bisher offiziell noch nicht geklont worden. 2004 machte der südkoreanische Veterinär Hwang Woo-Suk mit einem Artikel Furore, in dem er vorgab, menschliche Stammzellen geklont zu haben. Er habe sie aber nicht austragen lassen, sondern in Kulturen gezüchtet. 2006 wurde seine Forschungsarbeit als Fälschung entlarvt.

2008 baute der amerikanische Forscher Samuel Wood eigene Hautzellen in gespendete menschliche Eizellen ein und konnte so fünf menschliche Embryos klonen. Dann brach er den Versuch aus ethischen Gründen ab und zerstörte die Embryonen. Ob sie sich zu Menschen entwickelt hätten, bleibt offen.

Im Mai 2013 gelang es der US-Forschergruppe um Shoukrat Mitalipov, nach der Dolly-Methode menschliche embryonale Stammzellen

Klonen

Klonen heißt Vervielfältigen. Es ist die Herstellung genetisch identischer Kopien von Genen oder sogar ganzen Organismen. Im Unterschied dazu ist Gentechnik die gezielte Veränderung der Gene. Das Klonen ist also keine Gentechnik. Es kann aber in einzelnen Anwendungsbereichen mit gentechnischen Eingriffen kombiniert werden.

Therapeutisches Klonen ist kein Klonen im engeren Sinn, es ist keine identische Vervielfältigung eines Chromosomensatzes. Zwar wird die genetische Information der in die Eizelle eingebauten Hautzelle zuverlässig vervielfältigt, doch die Eizelle birgt in ihrem Zellplasma noch genetische Information, die zu den Mitochondrien gehört (etwa 0,002 % des gesamten Genoms der Eizelle). Diese Information verfälscht die DNA der Hautzelle.

zu klonen und bis zum Blastozysten-Stadium zu kultivieren. Sie hätten nun die Embryos in eine Gebärmutter einpflanzen können, gewannen aber stattdessen embryonale Stammzellen aus ihnen (siehe Therapeutisches Klonen).

Das Klonen von Menschen wird weltweit geächtet, die Missbrauchsgefahr ist zu groß. Doch die Technik für das Klonen von Menschen ist verfügbar, und so ist es nur eine Frage der Zeit, bis dieses Verfahren öffentlich oder insgeheim durchgeführt wird.

Therapeutisches Klonen

Um langfristig Perspektiven für eine Gentherapie am Menschen zu entwickeln, wandelten die Forscher das Dolly-Verfahren ab: Statt die „befruchtete" Eizelle in eine Gebärmutter einzupflanzen und austragen zu lassen (reproduktives Klonen), nutzen die Forscher den frühen Embryo als Quelle für pluripotente Stammzellen, die erloschene Organfunktionen wiederherstellen sollen (therapeutisches Klonen).

Menschliches Klonen doch gefährlicher und mit unsichereren Fehlerfaktoren als ursprünglich gedacht!

In der Zeitschrift Science vom 6. Juli 2001 veröffentlichte ein Forscherteam unter dem Projektleiter Rudolf Jaenisch einen Artikel über die epigenetische Instabilität von embryonalen Stammzellen und geklonten Mäusen.[20] Damit wurden Gefahren des medizinischen Klonens auch für therapeutische Zwecke aufgezeigt: Obwohl die produzierten Klone aus gesunden Säugetieren (Mäusen) identisches genetisches Material haben, werden bei den Klonen jeweils andere Gene aktiviert. Es kommt zu epigenetischen Abnormitäten und weitverbreiteten Regulationsstörungen, die zur Folge haben, dass die Tiere, wenn sie überhaupt geboren werden, bald sterben. Bei Säugetieren ist die Toleranz für die physiologischen Abnormitäten höher, sodass sie länger leben können. Das Wissen über die Funktionen der DNA ist jedoch immer noch sehr gering, wodurch das Arbeiten mit Genen nicht kontrollierbar ist und beträchtliche Gefahren in sich birgt.

Körpereigenes genetisches Material, das aus einer beliebigen Zelle des Patienten gewonnen werden kann, wird in eine gespendete Eizelle eingebaut, deren Kern zuvor entfernt worden war. Durch die neue Zellumgebung wird der Zellkern „reprogrammiert“. Er vergisst, was er im Laufe seiner Differenzierung zu einer Zelle mit bestimmten Aufgaben gelernt hat, und entwickelt wieder das Potenzial, sich zu einem kompletten Embryo mit allen Gewebetypen zu entwickeln. Der Zellkern wird reaktiviert, und unter günstigen Umgebungsbedingungen beginnt er, sich im Reagenzglas zu teilen. So entstehen embryonale Stammzellen, die, abgesehen von einigen Genen im Zellplasma der Eizelle, exakt das genetische Material des Patienten aufweisen

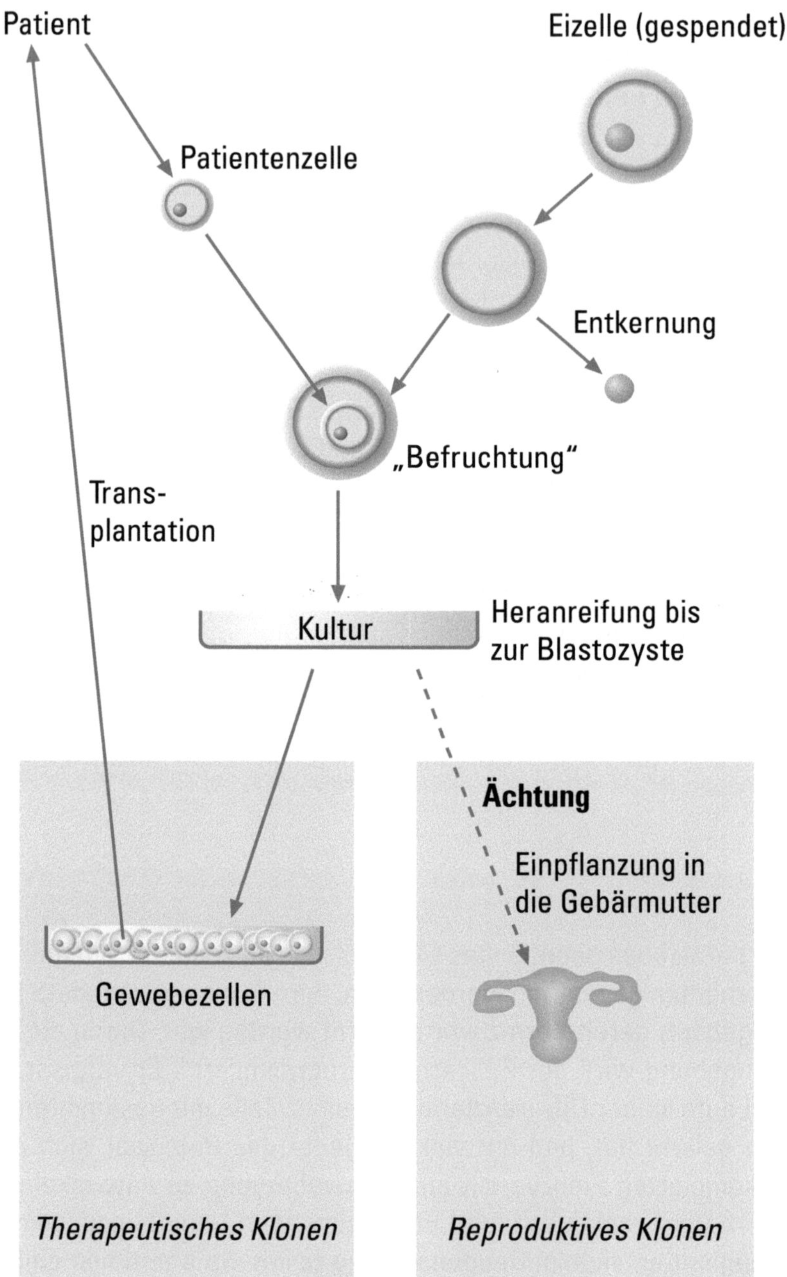

Therapeutisches/Reproduktives Klonen

und zudem pluripotent sind, sich also zu allen Arten von Geweben entwickeln können. Diesen Zellen erlaubt man nun nicht, als Embryo zu einem Menschen weiterzuwachsen, sondern lässt sie sich in Gewebekulturen zu den benötigten Geweben (Nervengewebe, Herzmuskelzellen, insulinbildende Bauchspeicheldrüsenzellen) differenzieren. Die fertigen Gewebe werden dem Patienten transplantiert, eine Abstoßungsreaktion ist nicht zu befürchten. Optimistische Forscher erträumen sich, dass sie auf diese Weise unheilbar kranken Menschen elegant helfen können: Menschen mit der Parkinsonkrankheit oder mit Demenz könnten frische Hirnzellen helfen, Herzwanddefekte nach einem Herzinfarkt könnten durch frische Herzmuskelzellen aufgefüllt werden, Diabetiker könnten durch frische Bauchspeicheldrüsenzellen die Fähigkeit wiedererlangen, das benötigte Insulin selbst zu bilden.

Doch das Verfahren ist noch nicht ausgereift, weist eine hohe Fehlerquote auf und wird noch längst nicht in allen Einzelheiten verstanden. Auch wird unbeachtet gelassen, dass die Eizelle selbst noch einige Gene in ihrem Zellplasma besitzt, die sich infolge von Nebenwirkungen bemerkbar machen könnten. Die Forscher spielen also mit unverstandenen Kräften, ohne zu wissen, welchen Schaden sie anrichten können. Und die ethischen Fragen sind immens: Darf einem Embryo, das zu einem individuellen Menschen werden könnte, seine essenzielle Menschlichkeit genommen werden, um Kranke zu heilen?

Adulte Stammzellen

Aufgrund der öffentlichen Debatte wendet sich die Forschung vermehrt den adulten Stammzellen zu, die in sehr kleinen Mengen beim Erwachsenen unter anderem im Knochenmark oder im Darm zu finden sind. In aufwändigen Verfahren können sie isoliert und in gewünschter Richtung reprogrammiert werden. Das bedeutet, Stammzellen aus dem Knochenmark beispielsweise können in Gewebekulturen dazu gebracht werden, sich zu Leberzellen oder Herzmuskelzellen zu differenzieren. Die Gewinnung und Nutzung adulter Stammzellen ist zurzeit noch technisch sehr schwierig, wirft aber wesentlich weniger Probleme auf als das therapeutische Klonen mit embryonalen Stammzellen. Aus Sicht eines ganzheitlichen Welt- und Menschenbildes sowie aus ethischer Sicht muss jedoch auch sie hinterfragt werden.

Auf der Suche nach „ethisch unbedenklichen" Stammzellen gelang den japanischen Forschern Shinya Yamanaka und Kazutoshi Takahashi Ende 2007 die gentechnische Umprogrammierung normaler Körperzellen zu induzierten pluripotenten Stammzellen. Einen Schritt weiter ging die japanisch-amerikanische Forschergruppe um Haruko Obokata und Charles Vacanti: Ende Januar 2014 veröffentlichte sie die Ergebnisse eines Verfahrens, in dem sich normale Körperzellen, die Stresssituationen (Säurebad) ausgesetzt werden, teilweise in pluripotente und sogar totipotente Stammzellen, sogenannte STAP-Zellen, umwandeln lassen. Das Verfahren war bisher nur in einem Forschungslabor (Kobe, Japan) erfolgreich, seine Bedeutung ist daher umstritten.

Der anfängliche Versuch, tierischen embryonalen Stammzellen durch gentechnische Manipulation menschenähnlichere Gewebemerkmale zu verleihen, um sie zu therapeutischen Zwecken beim Menschen einzusetzen, wurde wegen des Risikos, unberechenbare Tierviren zu übertragen, glücklicherweise nahezu restlos aufgegeben.

Die Nutzung der regenerativen Kraft der Stammzellen zu therapeutischen Zwecken ist auf den ersten Blick verlockend. Doch selbst wenn die ethischen Probleme nicht so offensichtlich sind wie bei embryonalen Stammzellen, bleibt die Stammzellentherapie doch ein mehr oder weniger blindes Spiel mit unbekannten Faktoren und Risiken, die eine eigene Dynamik entwickeln könnten. Adulte Stammzellen, die vom Patienten selbst gewonnen werden, müssen ebenso wie die induzierten pluripotenten Stammzellen erst gentechnisch verändert werden, bevor sie beginnen, ihre regeneratorische Kraft in der gewünschten Richtung zu entfalten. Hier wird der Natur Gewalt angetan, und wenn Heilung erreicht werden sollte, dann nur zu einem hohen, fragwürdigen Preis. So zum Beispiel bedingt die Veränderung des Genoms auch eine erhöhte Krebsanfälligkeit.

Stammzellen

Der Mensch hat mehrere Billionen Zellen, die alle von einer befruchteten Eizelle abstammen. Die Eizelle ist totipotent, sie kann sich zu einem vollständigen Menschen entwickeln, bleibt es allerdings nur 2 bis 3 Teilungsschritte lang. Die durch fortwährende Teilungen entstehenden embryonalen Zellen verlieren die Eigenschaft der Totipotenz, bleiben aber pluripotent. Aus einer einzelnen embryonalen Zelle könnte sich nicht mehr ein ganzer Mensch entwickeln, wohl aber jede Art von Gewebe. Das ist eine Folge der Differenzierung: Mit jedem Teilungsschritt spezialisieren sich die Zellen ein wenig. Sie legen einige Bereiche ihrer DNA still und nutzen andere stärker. So entwickeln die embryonalen Zellen, die anfangs nicht zu unterscheiden waren, unterschiedliche Eigenschaften und Stärken: Einige werden zu Stützgewebe wie Bindegewebe und Knochen, andere zu Nervengewebe und Sinnesorganen, wieder andere zu den verschiedenen Organen. Am Ende der Differenzierung können die Zellen nur noch ihre spezielle Funktion erfüllen, sie sind nicht mehr pluripotent, sondern differenziert. Es verbleiben aber in jeder Gewebeart Stammzellen, die ihr Potenzial, sich zu anderen Zellen zu differenzieren, teilweise behalten haben. Sie sind für die Regeneration zuständig und werden adulte Stammzellen genannt, im Unterschied zu den pluripotenten embryonalen Stammzellen.

Zusammenfassend: Totipotente Stammzellen haben die Fähigkeit, sich in einem Embryo zu entwickeln und zu allen postembryonalen Gewebearten und Organen zu differenzieren. Aus einer menschlichen totipotenten Zelle könnte sich nach Transfer in die Gebärmutter einer Frau ein ganzes Individuum, ein Mensch entwickeln. Totipotente Zellen haben Zugang zur gesamten Information für ein Lebewesen.

Pluripotente Stammzellen können sich zu jeder Art von Gewebe oder Organ entwickeln, aber nicht mehr zu einem ganzen Menschen.

Die Stammzellentherapie spiegelt unser Verhältnis zu Gesundheit und Krankheit wider: Gesundheit wird als erwerbbares Gut angesehen, das Mediziner und Gentechniker unter anderem durch Veränderung der Gene liefern zu können glauben. Organe werden als beliebig austauschbar und „produzierbar" betrachtet, als Konsumgüter. Hier stellt sich jedoch die Frage, ob sich der Mensch, losgelöst von naturbedingten Wirkungsweisen, von Geist und Bewusstsein, tatsächlich zum „Konsumgut" herabstufen lassen will.

Reproduktionsmedizin

Die Reproduktionsmedizin gehört nicht zur Gentechnik, benutzt aber einerseits gentechnische Methoden wie die PID und ist andererseits mit der Gentechnik eng verwandt, wie sich am Klonschaf Dolly zeigt. Daher ist eine kurze Betrachtung durchaus angebracht.

Ein Markstein für den Beginn der modernen Reproduktionsmedizin war 1978 die Geburt von Louise Brown. Das Kind war das Ergebnis einer künstlichen Befruchtung, genauer: einer In-Vitro-Fertilisation. Zu diesem Verfahren wird Zuflucht genommen, wenn ein Elternpaar zwei Jahre lang trotz Bemühung keinen Nachwuchs erhält. Die Frau nimmt Hormone, die dafür sorgen, dass möglichst viele Eizellen heranreifen. Dann werden ihr in einem mikrochirurgischen Eingriff, in der Regel in Narkose, einige Eizellen entnommen. Den Samen spendet in der Regel der Mann, er darf aber auch von einem anonymen Spender stammen (heterologe Samenspende). Eizelle und Samen werden in einem Reagenzglas zusammengebracht, die Befruchtung folgt automatisch, wobei die schnellsten Spermien zum Zug kommen. Um die Trefferquote zu steigern, kann auch ein ausgewähltes Spermium mit einer Mikronadel in die vorbereitete Eizelle injiziert werden (ICSI = Intrazytoplasmatische Spermieninjektion). Eine Befruchtung gelingt in 50–70 % der Versuche. Die befruchteten Eizellen verbleiben zunächst im Reagenzglas, erst am 2. bis 5. Tag werden zwei bis drei der heranwachsenden Embryonen in die Gebärmutter der Frau transferiert. Nur bei 20–40 % der Behandlungen kommt es zur Geburt, dafür sind in der Regel meh-

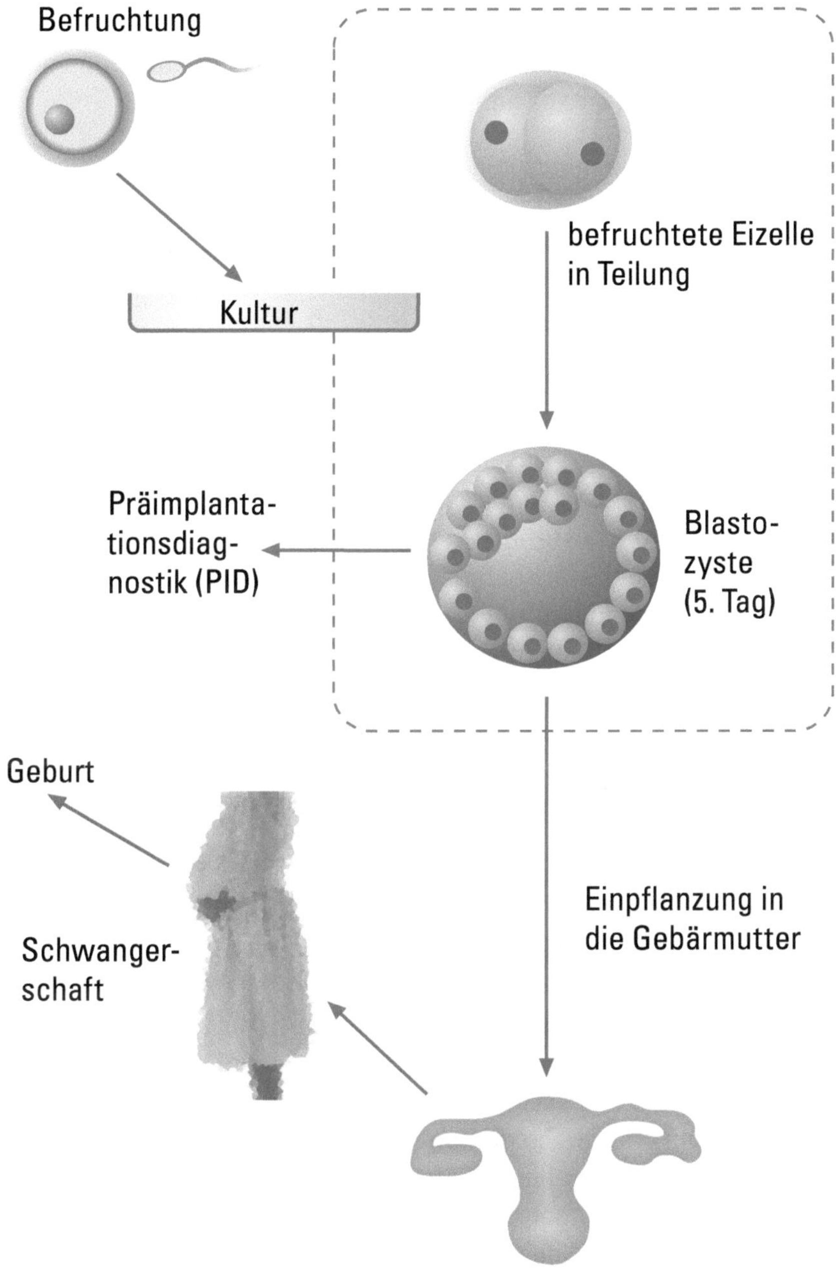

Künstliche Befruchtung

rere Behandlungen in zyklischer Folge erforderlich. Das Risiko von unerwünschten Mehrlingsschwangerschaften muss in Kauf genommen werden, außerdem ist das Fehlbildungsrisiko erhöht.

Die Reproduktionsmedizin gilt als etabliertes, allgemein akzeptiertes Verfahren, das Eltern glücklich machen kann. Ihr Entwickler, der britische Physiologe Robert Edwards (1925–2013), wurde 2010 mit dem Nobelpreis für Medizin geehrt. In Deutschland kommt jedes 80. Kind nach künstlicher Befruchtung zur Welt.

Gleichwohl wirft die Reproduktionsmedizin eine Reihe ernsthafter Probleme auf: Bei jeder künstlichen Befruchtung werden „überzählige" Embryonen erzeugt, die die Möglichkeit hätten, sich zu einem Kind zu entwickeln, aber nach genetischer Analyse (PID) nicht in die Gebärmutter einer Frau transferiert, sondern eingefroren werden. Was soll mit ihnen geschehen? Im besten Fall sind sie Reserven, Kinder zweiter Wahl, die aus dem Eis hervorgezaubert werden, wenn die künstliche Befruchtung nicht gelingen sollte oder ein weiteres Kind gewünscht wird. Im schlimmsten Fall wird auf diese Weise ein Organspender für ein krankes Kind gezüchtet. Andere Optionen sind, die überzähligen Embryonen zu vernichten oder zu Forschungszwecken zu „verbrauchen". Beides verhindert in Deutschland glücklicherweise das Embryonenschutzgesetz.

Der In-Vitro-Fertilisation wird des Weiteren vorgeworfen, dass sie ein Auswahlverfahren wie die PID mit all ihrer ethischen Zweifelhaftigkeit erst ermöglicht. Wissenschaftler mischen sich in natürliche Vorgänge ein und wollen sie verbessern, obwohl ihnen die essenziellen Verbindungen in keiner Weise bekannt sind. Sie bringen Fortpflanzungszellen zusammen, die auf natürlichem Weg nie zusammengekommen wären. Sie maßen sich die Kompetenz an, anhand genetischer Merkmale zu beurteilen, welches Kind leben darf und welches nicht. Sie erzwingen Verbindungen, die die Natur nicht gewollt hat, und erzeugen so Kinder, die es nicht geben dürfte, die evolutionär gesehen keine Vergangenheit haben, aus der sich die charakteristischen Merkmale eines Menschen ergeben.

Die Techniken, die in der Reproduktionsmedizin verwendet werden, sind vom Klonen nicht weit entfernt, und wer kann garantieren, dass dies niemals geschehen wird: die massenhafte Vervielfältigung eines Chromosomensatzes, der aus wissenschaftlicher Sicht perfekt und für bestimmte Zwecke nützlich ist? Wer will garantieren, dass die Schreckensvision des Klonens nicht längst verwirklicht ist?

Anhang: Embryonenschutzgesetz

Am 13. Dezember 1990 wurde in Deutschland das Embryonenschutzgesetz (in Kraft seit 01.01.1991) verabschiedet. Anlass war die Etablierung der künstlichen Befruchtung. Das Gesetz sollte regeln, wie weit die Interessen von Forschung und Wissenschaft durch ethische Größen wie Menschenwürde und Recht auf eigenes Leben einzuschränken sind. Unter „Embryo" versteht das Gesetz die befruchtete, entwicklungsfähige Eizelle ab 24 Stunden nach der Kernverschmelzung. Unter Strafe stehen unter anderem: die missbräuchliche Verwendung der Fortpflanzungstechniken (zum Beispiel die Übertragung einer fremden Eizelle oder die Nutzung des Embryos zu anderen Zwecken als der Fortpflanzung), die künstliche Veränderung der Erbsubstanz der Keimbahnzellen, das Klonen oder das Vermengen von Erbinformationen verschiedener Eizellen (Chimärenbildung). Seit dem 7. Juli 2011 ist die Präimplantationsdiagnostik in engen Grenzen erlaubt (ESchG § 3a II).

Das deutsche Embryonenschutzgesetz ist einmalig in der Welt und wird von vielen deutschen Forschern als unfairer Wettbewerbsnachteil und Beeinträchtigung des Forschungsstandorts Deutschland angesehen. Es könnte sich aber durchaus vorteilhaft zu einem Alleinstellungsmerkmal und Qualitätszeichen für die deutsche Forschung entwickeln.

KAPITEL 5

Was ist Ethik?

- **Wer ist für Ethik zuständig?**
- **Ethik und Moral**
- **Universale Vernetzung**
- **Pflichten statt Rechte**

Wer ist für Ethik zuständig?

Wer entscheidet heute, welche wissenschaftliche (gentechnische) Forschung ethisch vertretbar und damit zulässig und umsetzbar ist? Hier schreibt der Gesetzgeber Ethikkommissionen eine feste Rolle zu. Mittlerweile gibt es sehr viele Ethikkommissionen, die oft zu sehr unterschiedlichen Ergebnissen kommen. Auch innerhalb der Kommissionen herrscht in den seltensten Fällen Einigkeit. So kann durch die gezielte Ernennung von Ethikratsmitgliedern durchaus Einfluss auf getroffene Empfehlungen genommen werden. Auch das Werben um die Gunst von Ethikratsmitgliedern ist durchaus üblich, schließlich geht es um Geld, um viel Geld, und zudem will die deutsche Forschung nicht den Anschluss an internationale Standards verlieren.

Dieser Missstand lässt sich nur dann beenden, wenn eine einheitliche Ethik gefunden wird, die sich auf übergeordnete, in der Natur begründete Prinzipien stützt. Ethik muss herleitbar und begründbar sein. Sie darf nicht das Ergebnis persönlicher Meinungen sein oder dem wirtschaftlichen Nutzen dienen. Vor einer abschließenden Beurteilung der Gentechnik muss also ein einheitlicher Ethikbegriff erläutert werden, der universell anwendbar ist und nicht, wie bisher üblich, in diverse Einzelethiken getrennt wird, die, je nach Bedarf, von den Ethikkommissionen als Empfehlung herausgegeben werden.

Ethik und Moral

Nach Platon und von Purucker ist *Ethik* universal und sowohl für alle Lebewesen im Kosmos, also für Mensch, Tier und Pflanze, als auch für Kulturen und Religionen gleichermaßen gültig. Sie ist der Ausdruck einer Ordnung nach den Regeln der Harmonie und gründet sich auf die Zusammensetzung und den Charakter des Universums.[21] *Ethik* ist eng mit dem griechischen Begriff Kosmos verbunden, der so viel wie Ordnung, Harmonie und Schönheit bedeutet. „Die Universalität von Ethik findet sich nachweisbar in den Grundprinzipien der Natur", untermauert Knoblauch die Aussage von Puruckers und Platons.

Als universale Gesetzmäßigkeit ist Ethik von Moral zu unterscheiden. Im Unterschied zu Ethik gründet sich *Moral* auf menschliche Übereinkunft. Sie ist ein Regelsystem, das insbesondere durch Religionen geprägt, durch Traditionen überliefert und durch Konventionen vereinbart ist, sich in verschiedenen Völkern und Bevölkerungsschichten unterschiedlich herausbildet, von der persönlichen Auffassung mitbestimmt und daher nicht frei von egoistischen Motiven ist. Moral gibt Werte vor, die sich in Inhalt und Umfang mit der Zeit ändern.[22]

Moral ist die Umsetzung von Ethik durch den Menschen, im Rahmen seiner eigenen Erkenntnisse und seines eigenen Gewissens. Daher können Moralvorstellungen von Mensch zu Mensch sehr unterschiedlich sein. Über Gentechnik zu befinden, bedeutet dann, gemäß seinem Gewissen und seiner Erkenntnis zu entscheiden, sodass unterschiedliche Einschätzungen kaum zu vermeiden sind.

Universale Vernetzung

Soll Ethik zu einem Orientierungsmaßstab für die eigene Entscheidungsfindung und Positionierung werden, müssen bei der Einschätzung der ethischen Vertretbarkeit von Gentechnik, so das Netzwerk für Interdisziplinäre Ursachenforschung, zwangsläufig auch allgemeingültige Naturprinzipien mit einfließen:

- die Energieerhaltung – nichts geht verloren,
- das Ursache-Wirkungs-Prinzip,
- die Lebendigkeit des Universums – alles lebt,
- das Beziehungsgeflecht aller Teilchen-Energien miteinander,
- Leben kann nur aus Leben entstehen,
- die Dualität im Universum: Kraft und Materie wirken zusammen.

Diese Prinzipien verdeutlichen eine universale Vernetzung der gesamten Natur. Dabei geht die Vernetzung über rein ökologische und physische Dimensionen hinaus. Der Mensch ist mehr als der physische Körper, er ist ein Kräftebündel, ein mit Bewusstsein und Intelligenz begabtes Lebewesen, ein Lebewesen mit Denkvermögen, Intuition und geistigem Empfinden. So gesehen ist er bereits als befruchtete Eizelle ein Mensch im Werden, ein Mensch in seiner Entfaltung, auf dem Weg in die Manifestation, in die ihm eigene Evolution.

Die menschlichen Attribute und Fähigkeiten spielen bei einem mit Intelligenz und Bewusstsein begabten Lebewesen eine übergeordnete Rolle im Leben und in der gesamten Evolution. Denn „Evolution" bedeutet das Auswickeln, das Entfalten von Kräften, Attributen und Fähigkeiten. Krankheiten sind zwar schmerzliche Erfahrungen, aber auch Teil unseres Evolutionsweges. Sie wurden von uns selbst hervorgerufen und sind die Folge des Ursache-Wirkungs-Prinzips sowie der Energieerhaltung.

Pflichten statt Rechte

Hermann Knoblauch (1908–2000)

Knoblauch weist über das gängige Verständnis von Ethik hinaus, indem er einen weitreichenden Aspekt der Ethik erläutert. Er weist darauf hin, dass in allen Bereichen des menschlichen Zusammenlebens und in allen irdischen und kosmischen Zusammenhängen *eine* Ethik *universal wirksam* ist, da es nicht verschiedene Ethiken geben kann. Ferner macht er deutlich, dass der Kosmos eine Einheit und nur als umfassende, grenzen- und zeitlose Ganzheit erfassbar ist. Jedes Lebewesen, auch der Mensch, ist darin eingeschlossen. Es hat nicht nur ein eigenes Leben, sondern trägt auch zu dem Leben anderer Lebewesen bei. Ein reibungsloses Miteinander ist aber undenkbar, wenn jedes einzelne Lebewesen für sich selbst lebt und seine Rechte von Anderen einfordert. Vielmehr müssen die Pflichten im Vordergrund stehen, die jeder allen Anderen gegenüber zu erfüllen hat. Nur wenn wir diese Verpflichtungen ernst nehmen und sie so gut wie möglich umsetzen, erhalten wir Frieden und Harmonie im menschlichen Umgang und Miteinander. Und wenn sich dieser Frieden und diese Harmonie ebenso im Körper widerspiegeln, wirken sie sich auch ganz natürlich auf unsere Psyche und unser Wohlbefinden aus.

Würde jeder seine Pflichten erfüllen, so Knoblauch, bräuchten wir um unsere Rechte nicht zu fürchten. Doch weil die einfachsten Wahrheiten nicht erkannt werden, ist es noch ein langer Weg für die Menschheit zu wahrem Frieden.

KAPITEL 6

Genetik und Ethik – vereinbar?

- **Verantwortung der Wissenschaftler**
- **Architekt und Bauplan**
- **Wissenschaft der Zukunft**

Verantwortung der Wissenschaftler

Die Gentechnik ist eine moderne naturwissenschaftliche Disziplin, die auf hervorragenden wissenschaftlichen Erkenntnissen aufbaut und zunächst einmal großen Fortschritt verspricht. Sie hat eine Reihe von Zielen, die auf anderem Weg nur schwer zu erreichen sind: Heilung bisher unheilbarer Krankheiten, Hilfe bei unerfülltem Kinderwunsch, Sicherstellung der Welternährung ... Es ist aber sehr fraglich, ob sie auf den bereits eingeschlagenen Wegen halten kann, was sie verspricht, oder ob Gentechniker das verwirklichen können, was sie sich erhoffen.

Wenn wir die Gentechnik aus der Sicht einer naturimmanenten Ethik betrachten und zudem ein ganzheitlich-universalistisches Welt- und Menschenbild zugrunde legen, kommen wir jedoch zu einem ernüchternden Ergebnis: Keines der untersuchten gentechnischen Verfahren ist frei von bedenklichen Eingriffen in den Lauf der Natur. Die physischen Ausprägungen werden verändert, in diesem Fall die Gene, ohne dass der verursachende geistige Hintergrund und die sich auswirkenden Kräfte beachtet werden. Es wird gewaltsam in die Evolution von Wesenheiten eingegriffen, um möglicherweise Krankheiten zu heilen, ohne das Beziehungsgeflecht von Ursache und Wirkung zu kennen. Mit der Gentechnik werden die äußerst sensibel aufeinander abgestimmten Naturvorgänge vergewaltigt, ohne dass sie in ihrem Zusammenwirken ursächlich erkannt sind. Die Kräfte, die hinter allen Lebensvorgängen wirksam sind, werden noch nicht im Ansatz verstanden. Etwaige kurzfristige Erfolge der Gentechnik könnten sich daher langfristig als tragischer Irrtum herausstellen.

Auch hervorragende Wissenschaftler haben dies schon früh erkannt. So zum Beispiel hat sich Erwin Chargaff, der Mitentdecker der DNA-Struktur, von einem Vorläufer zu einem der schärfsten Kritiker der Gentechnologie gewandelt.[23] Er weist auf eine unvorhersehbare und ethisch fragwürdige Entwicklung hin, warnt vor jedem Eingriff in menschliches Erbgut und formuliert scharf:

„Schon die Absicht, mit den Genen herumzupanschen, kommt einer gefährlichen Brutalisierung der wissenschaftlichen Fantasie gleich. Wie jede Senkung des moralischen Niveaus erfolgt sie in kleinen Schritten; zuerst eine Lappalie, dann die andere, und plötzlich befinden wir uns in einem genetischen Schlachthaus."

Weiter führt er in einem 1988 für den Kongress „Geist und Natur" in Hannover vorgesehenen Vortrag aus: „[...] und auf diese Weise [bestimmt der Experimentator] mit seiner Pipette, welche Seele sich bilden solle". Ihn bewegt besonders „die furchtbare Verantwortung, die die Naturwissenschaft auf sich nimmt: Sie greift mit plumper Hand ein in die große, die überwältigende Unbestimmtheit und Unbestimmbarkeit menschlicher Schicksale."[24]

Chargaff fordert zu einem grundsätzlichen Nach- und Umdenken auf. In einem Appell an das Gewissen und die tiefere Erkenntnisfähigkeit des Menschen deutet er die besondere Verantwortung der Wissenschaftler für Mensch und Natur an.

Auch Hermann Knoblauch betont diese Verantwortung und weist vorsichtig, jedoch eindringlich auf gravierende Defizite hin und auf die noch ungeklärten Auswirkungen der Gentechnik auf Mensch und Natur: „Die Gentechnologie befindet sich erst im Anfangsstadium. Wer wagt zu fragen, wohin sie uns führt? [...] Es ist zu hoffen und zu wünschen, dass möglichst bald der geistige Hintergrund oder Urgrund unserer materiellen Welt erkannt wird."[25]

Architekt und Bauplan

Das Gen-Ethische Netzwerk in Berlin veröffentlicht über einen der hier angesprochenen Aspekte der Gentechnik Folgendes: „Der verengte Blick auf die Gene versperrt die Sicht auf die vielen anderen Facetten des Phänomens Krankheit: psychosoziale Faktoren, krankmachende Konsum-, Arbeits- und Lebensumstände. Eine Medizin, die den Menschen als molekulare Maschine begreift, die beliebig zu steuern, zu reparieren ist, wird langfristig nicht erfolgreich sein."[26] Damit fordert das Gen-Ethische Netzwerk dazu auf, zu einer ganzheitlichen Medizin beizutragen.

Die Sehnsucht nach Gesundheit, nach Heilung, ist uns allen ein elementares Bedürfnis. Doch kann uns jedes Mittel recht sein, das Heilung verspricht? Insbesondere herkömmliche gentechnische Eingriffe können im besten Fall kurzfristige Hilfe geben. Es reicht nicht aus, nur die Gene zu verändern, denn ein Eingriff in die DNA, in die Gene, ist keine „normale" und harmlose medizinische Hilfestellung. Jeder Eingriff ist etwas ganz Spezielles, weil die DNA die Basis, der Plan für die physische Form, den Körper ist. Die Analogie mit dem Bau eines Hauses verdeutlicht das Prinzip: Die DNA ist der Bauplan, der von einem „Architekten" erstellt worden ist. Verändern nun die Bauleute, wie es ihnen gerade einfällt, die Bausubstanz, die Länge, die Höhe oder setzen sie andere Fensterrahmen ein, ohne den Hintergrund des Architekten zu beachten, kann ein irreparabler Schaden entstehen. Medizinische Maßnahmen, die die Grundstruktur nicht berühren und den Bauplan nicht modifizieren, können den kranken Menschen aber durchaus unterstützen.

Wissenschaft der Zukunft

Eine Wissenschaft, die mit einem ganzheitlich-universalistischen Welt- und Menschenbild vereinbar ist und im Einklang mit der Natur wirkt, sollte insbesondere folgende Zusammenhänge berücksichtigen:

1. Ist der Mensch mehr als der physische Körper?

Kann der Mensch nur auf der Grundlage des physischen Körpers verstanden werden? Wesentlich aufschlussreicher wäre es, den Körper als Resultat oder Werkzeug eines Bewusstseinszentrums aufzufassen, das die Grundlage und Essenz aller Lebensvorgänge ist, die sich innerhalb einer jeden Wesenheit abspielen. Leibniz spricht in diesem Zusammenhang von Monaden. Unter dieser Voraussetzung können weder die Gene noch die epigenetischen Schalter die Ursache für die Regulierung der Körperfunktionen sein. Sie sind lediglich kleine Rädchen in dem wunderbaren Zusammenspiel der verschiedenen Energien und Einflüsse, die die Evolution in Gang halten, doch sie liefern ganz entschieden nicht den Plan für den menschlichen Organismus, vielmehr sind sie seine Übermittler, Werkzeuge oder untergeordneten Agenten. Eine Veränderung der Gene bewirkt somit keine wirkliche Heilung, sie mischt sich in Regelkreise ein, deren ursächliche Verzahnungen nicht erkannt werden.

2. Sind wir unsere eigenen Vorfahren?

Ein ganzheitlich-universalistisches Menschenbild impliziert die sich ständig wiederholenden Zyklen verkörperter Existenzen, das Hindurchgehen durch eine Aufeinanderfolge verschiedener Bewusstseinszustände der evolvierenden Wesenheiten. Dies erklärt die offenkundigen Unterschiede zwischen Kindern, die unter gleichen Bedingungen aufwachsen, sowie auch die oft verblüffenden angeborenen Talente und Fertigkeiten, die Genies wie Wolfgang Amadeus Mozart oft schon im frühen Kindesalter zeigen. Die wesentlichen Charaktermerkmale erhalten wir also nur indirekt mit den Genen vermittels unserer Eltern, sie sind das Resultat vergangener Existenzen. Dieses universalistische Wissen ist das Zeugnis aller großen Religionen und Philosophien. Es beruht auf tiefer Naturerkenntnis, der sich auch die moderne Forschung nicht entziehen kann. Hierzu sagte Hermann Knoblauch: „Die Natur ist das Buch der um und in uns wirkenden Kräfte. Die größten Geheimnisse sind in ihm enthalten. Der Mensch ist in der Lage, diese Geheimnisse zu entschlüsseln, doch muss der Schlüssel in der richtigen Weise umgedreht werden." Einen der wichtigsten Schlüssel hierzu gab er mit tiefgehenden und zum Nachdenken anregenden Worten wieder: „Ursache und Wirkung resultieren aus dem ewigen JETZT!"

3. Krankheiten – nur zufällige Fehler im „Betriebsprogramm" Genom?

Jede Wesenheit verfolgt also in zyklischer Periodizität ihre eigene Evolution, vervollkommnet sich und ist einem selbst- und umweltbedingten Lernprozess unterworfen. In Bezug auf den Menschen wird der Charakter erworben, und die Gene sind nicht das Ergebnis eines blinden, zufälligen Prozesses. Wir sind nicht Opfer eines nach Gutdünken dem Zufallsprinzip unterworfenen genetischen Materials, auch sind wir nicht Gefangene unserer Gene. Evolution bedeutet vielmehr das Hervorbringen innewohnender Fähigkeiten, dazu gehören unter anderem Bewusstsein und Willen, aus denen Verantwortung uns selbst und Anderen gegenüber resultiert. Demzufolge treffen wir unsere eigenen Entscheidungen selbst. Ursache und Wirkung sind die Grundlage der in der Natur zu beobachtenden Naturgesetzmäßigkeiten. Daraus folgt: Wir sind nicht Opfer unserer Krankheiten auslösenden Gene, sondern ihre Verursacher. In diesem Licht sind Krankheiten ein Teil unseres Evolutionsweges, der uns Gelegenheit gibt, neue Lektionen zu lernen. Bei näherer Betrachtung ist das Ursache-Wirkungs-Prinzip der wesentliche Schlüssel zu Krankheit.

4. Es gibt nichts Totes.

Die Unterscheidung zwischen belebter und unbelebter Natur ist vollkommen willkürlich. Sie verstellt den Blick auf die offenkundige Tatsache, dass die gesamte Natur ein von Leben durchdrungener Organismus ist. Er ist von Myriaden verschiedenster Lebensformen erfüllt und zusammengesetzt, von vitalen, Energie ausströmenden Atomen oder Lebensatomen, bis hin zu den lebendigen, flüchtigen Elementarteilchen der Quantenphysik.[27] Nur wenn das Leben die Lebensformen verlässt, sehen wir das Phänomen, das wir als Tod bezeichnen. Doch die „Form" zerfällt lediglich in ihre Bestandteile, in ihre kleineren Lebensbausteine, die nach wie vor von Leben, Vitalität und Energie erfüllt sind. Die Annahme, dass „Leben" aus „toter" Materie entstehen könne, ist einer der größten Irrtümer, der trotz aller widersprechenden Forschungsergebnisse noch immer postuliert wird. Es gibt nichts Totes!

Für eine genetische Wissenschaft, die allein vom Augenschein materieller, messbarer Phänomene ausgeht und übergeordnete Zusammenhänge ignoriert, sind Eingriffe in die genetische Information vertretbar. Sie bleiben jedoch äußerst riskante Experimente, sowohl für die gesamte Natur als auch für den Menschen. Ihre Ergebnisse lassen sich nicht voraussagen.[28]

Endnoten

1 Riewenherm, Sabine: Gentechnologie. Hamburg, 2000.
2 Koechlin, Florianne: Bildung und Geschichten zur perfekten neuen Welt der Gentechnologie. In: Schön, gesund & ewiger leben. Zürich, 1994.
3 Vgl. Bethge, Heidrun: Entstehung des Universums – Alternativen zur Urknalltheorie. In: Vernetzt denken – die Zukunft gestalten! Edition Ursachenforschung, Band 1, Hannover, 2015.
4 Aus: Campbell, A. Neil: Biologie. Berlin, Oxford, 1998. Zusammenfassung von A. Donta.
5 Riewenherm, Sabine: Gentechnologie. Hamburg, 2000.
6 Kampmann, Ute; Pollmann, Achim: Weltbilder im Dialog. In: Homo ethicus – Was können, was dürfen wir? Edition Ursachenforschung, Band 2, Hannover, 2002, S. 111–131.
7 Heisenberg, Werner: Physik und Philosophie. Frankfurt, 1990, S. 129 f.
8 Lauxmann, Frieder: Das philosophische Abc. Neue Wege zu alten Einsichten. München, 1997, S. 173.
9 Anoia ist zusammengesetzt aus a und nous. Nous ist das griechische Wort für die Kraft des Denkens, das Geistige im Gegensatz zur Materie. Die Vorsilbe „a" bedeutet Verneinung.
10 Vgl. von Purucker, Gottfried: Der Weg zu innerer Heilung. In: Wind des Geistes. Hannover, 1994, S. 160.
11 „Teilchen" im Sinne von Welle-Teilchen-Paar oder Geist-Materie-Paar.
12 Vgl. Frischat, Hannes: Die Einheit der Natur in Quantenphysik und Philosophie. In: Homo ethicus – Was können, was dürfen wir? Edition Ursachenforschung, Band 2, Hannover, 2002, S. 133 ff.
13 Platon: Timaios, 81 C, Übersetzung: A. Donta.
14 In der Philosophie Platons – wie auch von Puruckers und anderer Vertreter ganzheitlich-universalistischer Welt- und Menschenbilder – sind es sieben Energien oder besser Energie-Materie-Paare, aus denen der Mensch zusammengesetzt ist. Zurzeit sind jedoch nur vier ausgeprägt und aktiv. Die anderen drei sind in ihrer Entwicklung und werden im Verlauf der weiteren Evolution zur gegebenen Zeit offenbart. Mit dem Begriff „Elemente" bezeichnet Platon die grundlegenden Kräfte, die hinter der Materie stehen, sie aufbauen beziehungsweise sie ausmachen.
15 Das Prinzip von Ursache und Wirkung ist in der Physik als Zweites Newton'sches Gesetz bekannt.
16 Vgl. von Purucker, Gottfried: Wörterbuch. Hannover, 1990, S. 125 ff.
17 Purucker, Gottfried von: Mit der Wissenschaft hinter die Schleier der Natur. Hannover, 1988, S. 67.
18 Vgl. Kampmann, Ute; Hepper, Claudia: Evolution im Dialog von Wissenschaft und Philosophie. In: Vernetzt denken – die Zukunft gestalten! Edition Ursachenforschung, Band 1, Hannover, 2015, S. 39 f.
19 Knoblauch, Hermann: Der Mensch im Kosmos. In: Das Forum, Hannover, 4/1986, S. 120.

[20] Humpherys, David; Eggan, Kevin; Akutsu, Hidenori; Hochedlinger, Konrad; Rideout, William M.; Biniszkiewicz, Detlev; Yanagimachi, Ryuzo; Jaenisch, Rudolf: Epigenetic Instability in ES Cells and Cloned Mice. Science, Vol. 293, No. 5527, 07/2001, S. 95–97.

[21] Vgl. Pusch, Marion: Theorie, Kalkül oder kosmisches Gesetz – was ist Ethik? In: Homo ethicus – Was können, was dürfen wir? Edition Ursachenforschung, Band 2, Hannover, 2002, S. 13 ff.

[22] Vgl. Märtens, Manola; Pusch, Marion: Ethik – Grundlage allen Zusammenlebens. In: Vernetzt denken – die Zukunft gestalten. Edition Ursachenforschung, Band 1, Hannover, 2015, S. 101 ff.

[23] Erwin Chargaff, Biochemiker, Professor und seit 1952 Leiter am Biochemischen Institut der Columbia University, New York, 1974 emeritiert, weitere Forschungen bis 1992.

[24] Chargaff, Erwin: Erforschung der Natur und Renaturierung des Menschen. Hannover, 1988. Manuskript für einen Vortrag, der für den Kongress „Geist und Natur" in Hannover vorgesehen war. Der Vortrag konnte aufgrund einer Krankheit nicht gehalten werden.

[25] Knoblauch, Hermann: Welt im Wandel. In: Das Forum, 2/1997, S. 10 f.

[26] Aus: Faltblatt „Gentherapie" des Gen-Ethischen Netzwerks, Berlin.

[27] Vgl. Donta, Antonia; Frischat, Hannes: Es gibt nichts Totes. In: Alles lebt – Es gibt nichts Totes. Geistes- und naturwissenschaftliche Erkenntnisse zu Leben und Tod. Edition Ursachenforschung, Band 3, Hannover, 2008, S. 13–27.

[28] Hierin gleicht die Gentechnik der Transplantationsmedizin, die in mancher Hinsicht ihr Vorgänger ist und die nun mit subtileren Mitteln fortgesetzt wird. Die Transplantationsmedizin ist heute stark umstritten, ihre wissenschaftlichen und ethischen Grundlagen schwinden immer mehr. Vieles spricht dafür, dass sie mit allen Mitteln aufrechterhalten werden soll, bis auf gentechnischem Weg Organe aus Stammzellen gezüchtet werden können.

Literaturverzeichnis

Adoniou, A.: Gentechnik – Fluch oder Segen für die Menschheit? In: Das Forum, Hannover, 2/1996, S. 26–32.

Adoniou, Alkistis; Ackermann, Bärbel: Gentechnik – Allheilmittel der Zukunft? In: Das Forum, Hannover, 3/2001, S. 4–15 und 4/2001, S. 18–28.

Baumgarten, R.; Oldenburg, L.: Gentechnik am Scheideweg. In: Das Forum, Hannover, 2/1993, S. 52–57.

Bethge, Heidrun: Entstehung des Universums – Alternativen zur Urknalltheorie. In: Vernetzt denken – die Zukunft gestalten! Edition Ursachenforschung, Band 1, Hannover, 2015, S. 77–99.

Donta, Antonia; Frischat, Hannes: Es gibt nichts Totes. In: Alles lebt – Es gibt nichts Totes. Geistes- und naturwissenschaftliche Erkenntnisse zu Leben und Tod. Edition Ursachenforschung, Band 3, Hannover, 2008, S. 13–27.

Frischat, Hannes: Die Einheit der Natur in Quantenphysik und Philosophie. In: Homo ethicus – Was können, was dürfen wir? Edition Ursachenforschung, Band 2, Hannover, 2002, S. 133–155.

Heisenberg, Werner: Physik und Philosophie. Frankfurt, 1990.

Hepper, Claudia; Kampmann, Ute: Evolution im Dialog von Wissenschaft und Philosophie. In: Vernetzt denken – die Zukunft gestalten. Edition Ursachenforschung, Band 1, Hannover, 2015, S. 39–58.

Kampmann, Ute; Pollmann, Achim: Weltbilder im Dialog. In: Homo ethicus – Was können, was dürfen wir? Edition Ursachenforschung, Band 2, Hannover, 2002, S. 111–131.

Knoblauch, Hermann: Welt im Wandel – Die technische und geistige Revolution unserer Zeit. In: Das Forum, Hannover, 2/1997, S. 4–22.

Märtens, Manola; Pusch, Marion: Ethik – Grundlage allen Zusammenlebens. In: Vernetzt denken – die Zukunft gestalten. Edition Ursachenforschung, Band 1, Hannover, 2015, S. 101–113.

Platon: Timaios, 81 C, Übersetzung: A. Donta.

Purucker, Gottfried von: Der Mensch in der Unendlichkeit. Hannover, 1987.

Purucker, Gottfried von: Der Weg zu innerer Heilung. In: Wind des Geistes. Hannover, 1994, S. 236.

Purucker, Gottfried von: Karman. In: Wörterbuch. Hannover, 1990, S. 125 ff.

Purucker, Gottfried von: Mit der Wissenschaft hinter die Schleier der Natur. Hannover, 1988.

Purucker, Gottfried von: Wie die menschliche Seele zur Erde zurückkehrt. In: Studien zur Esoterischen Philosophie. Hannover, 1986, Band I, S. 144–150.

Purucker, Gottfried von: Zivilisationen sind auf Gedanken aufgebaut. In: Spirituelles Erwachen. Hannover, 2013, S. 199.

Pusch, Marion: Theorie, Kalkül oder kosmisches Gesetz – Was ist Ethik? In: Homo ethicus – Was können, was dürfen wir? Edition Ursachenforschung, Band 2, Hannover, 2002, S. 13–33.

Riewenherm, Sabine: Gentechnologie. Hamburg, 2000.

Rötsch, J.: Fortpflanzungsmedizin – pro oder kontra? In: Das Forum, Hannover, 1/2002, S. 4–18.

Rötsch, J.: Junge oder Mädchen – Was bestimmt das Geschlecht? In: Das Forum, Hannover, 3/2003, S. 4–12.

Rötsch, J.: Molekularbiologie – Das Allheilmittel? In: Das Forum, Hannover, 4/2005, S. 4–12.

Rötsch, J.: Lassen sich menschliche Zellen „therapeutisch" klonen? In: Das Forum, Hannover, 1/2006, S. 29–31.

Edition Ursachenforschung · Band 1:

Vernetzt denken – die Zukunft gestalten!

Faszinierende Einblicke in neue Wissensbereiche, Anregungen für eine ethisch orientierte Lebensgestaltung.

115 Seiten, Paperback
ISBN 978-3-924849-70-2

Inhalt:

- Naturschutz beginnt im Denken. Was ist Leben?
- Evolution im Dialog von Wissenschaft und Philosophie
- Die Welt der Atome – Braucht die Physik ein neues Weltbild?
- Entstehung des Universums – Alternativen zur Urknalltheorie
- Ethik – Grundlage allen Zusammenlebens

EDITION URSACHENFORSCHUNG · BAND 2:

Homo ethicus – Was können, was dürfen wir?

Der Begriff *Homo ethicus* öffnet neue Perspektiven in der Ethik-Debatte. Die gesamte Natur – und was umfasst die Natur nicht? – bildet ein lebendiges Ganzes. Folglich ist Ethik, als Ausdruck dieser ursächlichen Vernetzung, umfassend und universal. Dabei kommt dem Menschen eine zentrale Rolle zu, denn ethisches Empfinden ist ihm als Teil des Ganzen inhärent.

Inhalt:

- Theorie, Kalkül oder kosmisches Gesetz – Was ist Ethik?
- Die Aktualität von Menschenpflichten
- Naturkatastrophen: Wehrt sich die Erde?
- Interdisziplinarität: Wege zu einem ganzheitlichen Verständnis von Mensch und Natur
- Weltbilder im Dialog
- Die Einheit der Natur in Quantenphysik und Philosophie

EDITION URSACHENFORSCHUNG · BAND 3:

Alles lebt – es gibt nichts Totes

Außergewöhnliche, weitreichende, gewiss auch provozierende Fragen, Einsichten und Ausblicke erwarten den Leser im Zusammenhang mit dem, was Leben ist. So können wir fragen: Wann und wo beginnt Leben? Hört Leben jemals auf? Was sind, von innen her betrachtet, ein Atom oder ein Sonnensystem? Diese neue Sichtweise führt zu einer bewussten Wahrnehmung von Verantwortung für die Natur, für die Forschung und für uns selbst – und zu mehr Mitmenschlichkeit.

Inhalt:

- Es gibt nichts Totes
- Das Mysterium Mensch
- Tod – Ende oder Wechsel des Bewusstseins?
- Was ist ein „Atom"?
- Zyklen – pulsierendes Leben
- Platon über den Tod